反撃する映画と都市

ビクター・グルーエン

「ショッピングモールの父」と呼ばれたくなかった男

ハーレイ・岡本

Contents

主な登場人物

ビクター・グルーエン	挫折した映画人　ショッピングモールの発明者　１９０３〜１９８０年
エルンスト・ルビッチ	映画監督　ハリウッドのプリンス　１８９２〜１９４７年
フェリックス・スラヴィク	ウィーン市長
オスカー・ウェッバー	Ｊ・Ｌ・ハドソン・カンパニー会長　百貨店業界のプリンス
ルイス・マンフォード	ニューヨークの評論家　１８９５〜１９９０年
ジェイン・ジェイコブズ	ニューヨークの市民活動家　１９１６〜２００６年
ウォルト・ディズニー	ディズニーランドのオーナー　１９０１〜１９６６年
ロバート・モーゼス	ニューヨークの「マスター・ビルダー」トライボロ・ブリッジ・アンド・トンネル・オーソリティ総裁　１８８８〜１９８１年

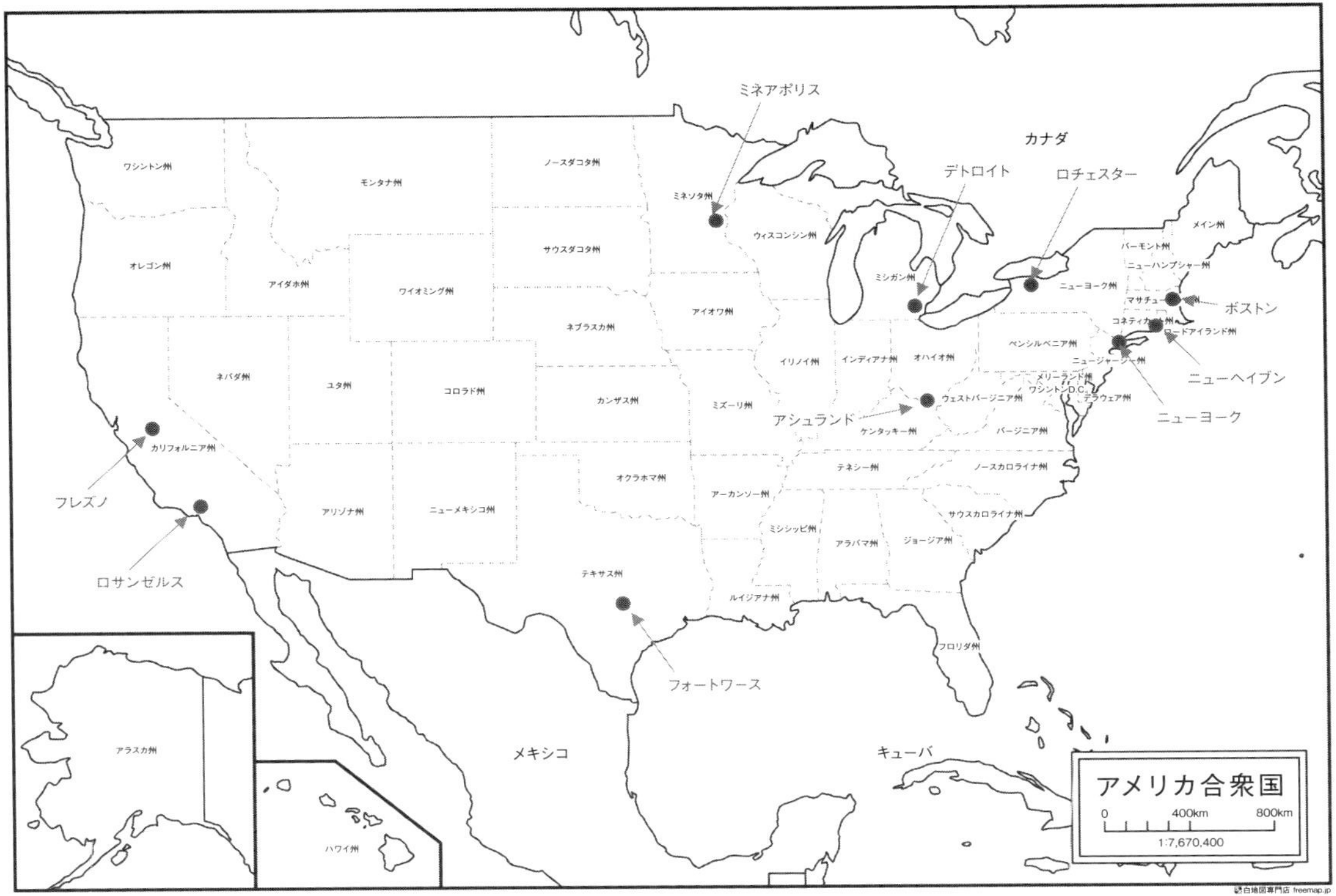
アメリカ合衆国
0
400km
800km
1:7,670,400
カナダ
メキシコ
キューバ
ミネアポリス
デトロイト
ロチェスター
ボストン
ニューヘイブン
ニューヨーク
アシュランド
フレズノ
ロサンゼルス
フォートワース
ワシントン州
オレゴン州
カリフォルニア州
アイダホ州
ネバダ州
モンタナ州
ワイオミング州
ユタ州
アリゾナ州
コロラド州
ニューメキシコ州
ノースダコタ州
サウスダコタ州
ネブラスカ州
カンザス州
オクラホマ州
テキサス州
ミネソタ州
アイオワ州
ミズーリ州
アーカンソー州
ルイジアナ州
ウィスコンシン州
イリノイ州
ミシシッピ州
ミシガン州
インディアナ州
ケンタッキー州
テネシー州
アラバマ州
オハイオ州
ウェストバージニア州
バージニア州
ノースカロライナ州
サウスカロライナ州
ジョージア州
フロリダ州
ペンシルベニア州
ニューヨーク州
メリーランド州
ワシントンD.C.
デラウェア州
ニュージャージー州
バーモント州
ニューハンプシャー州
メイン州
ロードアイランド州
アラスカ州
ハワイ州
白地図専門店 freemap.jp

はじめに

日本に全天候型のショッピングモールが誕生するのは、1981年開業の「ららぽーと船橋ショッピングセンター」、現在の「ららぽーとTOKYO-BAY」からである。百貨店のSOGOと総合スーパーのダイエーを施設の両端に配置し、その2つをつないだ屋根付きの長い通路に専門店をズラッと張り付けたものだ。1990年代になると、イオン興産がこのタイプのモールを全国に開発していく。「イオンモール」である。いまやショッピングモール、ショッピングセンターの数は3000を数えるまでになった。

それでは、こうしたモールを最初に考え出した人は一体誰だっただろうか?

それは、ナチスドイツによってヨーロッパを追われた1人のユダヤ人であった。その人の名はビクター・グルーエン。亡命先のアメリカの荒野に、奪われた故郷ウィーンの街並みを再現しようとする欲望の現れが彼のモールであった。

グルーエンは、「モールメイカー」「ショッピングセンターの父」と呼ばれる人物である。

実は、当の本人はそう呼ばれることを嫌がっていた。そう呼ばれるよりは、「環境の建築家」といってもらいたかった。グルーエンのいう環境とは、最も洗練された歩行空間のことである。グルーエンにとってショッピングセンターとは、人間が自由に闊歩し、ウインドウショッピングや、遊歩を楽しむ理想郷にほかならない。そして、その理想像は奪われた故郷ウィーンのダウンタウンの記憶にあった。

これとは逆に、人々を分断するゲットー、人間を排除するクルマ社会、乱開発、土地の無駄遣いを「反都市」と位置付けた。グルーエンの晩年は、こうした「反都市」に対する反撃に費やされた。

それにしてもグルーエンは知名度が低い。これこそが彼の最大の特徴といってもよい。若い頃に芝居を演っていたにも関わらずグルーエンには、いまひとつ〝フラ〟が無い。俳優は、顔・声・立ち姿で決まる。写真を見るとグルーエンの輪郭は、どうもぼやけて見える。背は低く、整髪をせず、美容には無頓着であった。

グルーエンはハリウッドで成功したユダヤ人の先輩映画人たちに憧れながら、小劇場の役者兼支配人をしていた。しかしながらグルーエンは、とある理由でこの道を断念し、都市計画を生涯の仕事とする。その代わりにグルーエンの都市計画とショッピングセンターには多分に映画の手法が取り入れられている。シナリオの絶対性、スクリーンシーンのようなシークエンス、美術セットによる演出、場面を支配する音効、「光の劇場」と称えられる照明など、彼は芝居の世界で果たせなかったことをショッピングセンターと都市計画において最高のショーマンシップでもって体現したのである。

ジェイン・ジェイコブズは、グルーエンの都市計画とショッピングセンターのことを「優雅なるドラマ!」と称賛した。

この本は、グルーエンとショッピングセンターの物語である。1903年から1980年という20世紀を駆け抜けたグルーエンの人生をセミドキュメンタリータッチでつづってみよう。

そして、映画の夢についても時々に触れながら。

プロローグ

現在から約100年前。1923年公開の映画『A Woman of Paris（パリの女）』は、チャールズ・チャップリン監督の手掛けた初の本格的ドラマ映画である。

そのエンディング、すれ違いのシーンからエンドマークまでの1分35秒。流れる楽曲はチャップリン作／エリック・ロジャーズの編曲で、優しく、そして物悲しい。

映画のラストシーンはパリから19号線を90㎞行った郊外の何の変哲もない田舎道。

主人公のマリー・サン・クレール（エドナ・パーヴァイアンス）は、農夫たちの馬車の後あおりに相乗りしている。そこへ別れたパトロンのピエール（アドルフ・マンジュー）を乗せたロールス・ロイス・バーカー・ツーリングリムジンが猛スピードですれ違っていく。荷台のマリーにはすれ違い、遠ざかるロールスロイスの後部座席の背もたれしか見えていない。一本道をロールスロイスとは逆方向へ離れ行く荷馬車がフェードアウトして映画は終わる。

『A Woman of Paris』が公開された1923年にビクター・グルーエンは20才。現実世界の馬車もフェードアウトして自動車へと移っていく。この移り変わりは、グルーエンが都市計画のプレゼンテーションで用いた懐古的イメージの1つである。

当時一部の金持ちの乗り物だった自動車は、大量生産により大衆化していく。自動車の時代、モータリゼーションである。車さえあれば90㎞という距離は苦にならない。のちにグルーエンが発明したショッピングセンター・モールは、このモータリゼーションと都市の郊外化を背景に成立し、世界中に広がっていく。

1923年当時といえば、女性がショッピングのプロフェッショナルとして社会進出した時代でもある。1925年開催のパリ アール・デコ博は、ショッピングと博覧会を融合させてみせたものだ。街路の装飾や、専門店のウインドウディスプレイそのものを芸術とみなし、遊歩するパリの女性たちはこれに狂騒した。クリムトやミュシャ、ローランサンらは着飾った女性をモチーフにして描いては、彼女たちを礼賛した。そして若きグルーエンはこの都市がつくり出す絢爛豪華を目の当たりにした。

グルーエンは予感した。

狂騒と絢爛豪華は映画により描かれ、都市において再現されている。この映画と都市の響き合いこそは、きっと自分の一生を決定づけるものとなろう。

事実、グルーエンの生涯は映画と都市の領域において異彩を放つのである。

第１章

ウィーン

1903～1938

パリのアレクサンドル３世橋／幼いグルーエンが母親に連れられ目にしたパリを代表する景勝地。のちにグルーエンがショッピングモールを構想する土台となった原風景の一つである。

芸術と恋の都

1903年7月18日、ビクター・グルーエンは国立歌劇場などが並ぶウィーンの中央地区に生まれた。生家はユダヤ人中流家庭のグリュンバウム家である。グルーエンというのは、アメリカに逃れた時に改姓したものである。父のアドルフ・グリュンバウムの職業は弁護士で、主に演劇人を顧客としていた。当時の演劇界はユダヤ人の活躍がめざましく、マックス・ラインハルトやその弟子のエルンスト・ルビッチらをはじめ名優たちが数多くいた。この頃ウィーンの学術・文化人の大半はユダヤ人であった。グスタフ・マーラーやアルノルト・シェーンベルクらの音楽家、ジグムント・フロイトらの心理学者、カール・ラントシュタイナーらの医学者、ルートヴィヒ・ウィトゲンシュタインらの哲学者、カール・クラウスやヨーゼフ・ロートらのジャーナリスト、そしてアドルフ・グリュンバウムら弁護士といった知的職業はユダヤ人が多くを占めていた。少年グルーエンは、社交的で芝居っ気のある父に連れられてユダヤ系の演劇人や学術・文化人との縁故を得た。まさにユダヤのクリエイターたちにまみれて育ったのである。グルーエンの同世代人には、ウィーンの精神医学者ビクトル・フランクルや、アメリカの理論物理学者J・ロバート・

オッペンハイマー、詩人のエイベル・ミーロポルらがいる。

グルーエンの少年時代は、ベルエポックと重なる。

自立し、消費する女性が登場する時代だ。グルーエンの母エリザベス・リー・レヴィはドイツのハンブルク出身のユダヤ人で、毎夏のようにグルーエンを連れてはハンブルクをはじめ、ブダペスト、プラハ、コペンハーゲン、ヘルシンキ、そしてパリなどの古都を旅行した。このころはまだ馬車の時代であって、まちなかを走る自動車は珍しかった。グルーエンはヨーロッパ各地にある中世の広場や歴史的建造物のある街並みに強い関心を持った。裕福で文化的な家に育ったグルーエンではあるが、貧しい地区の子どもたちと空き地で遊んだりもしていた。分け隔てが嫌いだったのである。冬はスキーに、夏は山登りにと楽しんだ。澄んだ空気とアルプスの雪解け水が何よりの自然の恵みであった。

そんな幸福な少年時代を一変させたのが11才の時に勃発した第一次世界大戦である。グルーエンは最も多感な少年期をこの陰鬱な戦争の中で過ごした。

第一次世界大戦を描いた映画にエルンスト・ルビッチ監督の『Broken lullaby（私の殺した男）』（1932年）がある。タイトルを直訳すると「壊れた子守唄」になる。子守唄《ララバイ》とは、シューマンの「トロイメライ」のことで、全篇この曲が流れる。トロイメライはトラウマを意味し、第一次世界大戦のそれを暗示する。登場するドイツ人たちは年寄りと女と子どもばかり。戦争で若い男性の多くが死んだ。少年グルーエンの身の回りにもこんな情景が広がっていたのだろうか？

１９１８年、この人類史上初の総力戦を惹き起こしたオーストリア・ハンガリー二重帝国は崩壊。同時に帝国の庇護下にあったユダヤ人を含む多民族共存社会も崩壊していく。そして帝国に代わって社会民主党を中心とする連立政権が誕生した。グリーンシュタイドルなどのカフェでの謀議と、大通りでのデモ行進が日常化していった。「赤いウィーン」と呼ばれる時代の始まりだ。

この年に15才となったグルーエンは、ウィーン美術アカデミーに一発合格した。倍率は5倍であった。ちなみに、このアカデミーはかつてアドルフ・ヒトラーが2年連続で不合格になっている。ウィーン美術アカデミーはどちらかというと職業訓練校であり、グルーエンはここで建築・設計の製図技術を習得した。この当時の美術・装飾は舞台セットや店舗内装といった実用的なものが主流であった。アール・デコである。大戦後に男性の多くが死んだため、女性の社会進出が広がっていた。アール・デコの時代を担ったのも女性アーティストらであった。職を得て自立し、消費する女性を代表した人物がココ・シャネル（１８８３〜１９７１年）と、画家のマリー・ローランサン（１８８３〜１９５６年）、インテリアデザイナーのアイリーン・グレイ（１８７８〜１９７６年）である。３人は狂騒するパリの夜会の人気者となった。シャネルはギャルソンヌと呼ばれるモダンガールたちのコスチュームをデザインした。大量消費の時代の象徴である。ローランサンも「シャネル」をまとい、1925年公演のロシアバレエ『青列車』などの舞台美術を手掛けた。アイリーンは、インテリアに込めた「自分らしい生き方」というエッセンスを住宅にまで拡張・表現してみせたヴィラ〈E.1027〉を作っては、当代随一といわれたル・コルビュジェを唸らせた。（注1）

グルーエンが22歳になった1925年にはパリで「アール・デコ博」が開催。その中にグルーエンの興味を引きそうな呼び物が2つある。1つは、この年のパリの市街を高層ビルとその足下の公開空地とに生まれ変わらせる「ヴォアザン計画」を発表したル・コルビュジェの「エスプリ・ヌーヴォー館」である。これは、「アール・デコ博」自体にNon!を突き付けるモダニズムの刃であった。多様な装飾・意匠の乱立を否定し、時代を表す標準的な装飾を規格化した。館内には「ヴォアザン計画」の展示ルームがあった。このやり方は、のちにグルーエンが手掛けるノースランド・センターのデザインコードのお手本となったかもしれない。

もう1つは、「ブティック通り」である。これは、アレクサンドル3世橋（長さ117m　幅40m）の上にパリに点在する高級ブティックのショーウインドーをイベント的に並べて仮設のパサージュに仕立て上げたものである。ワンストップ比較購買の原型だ。「ブティック通り」のこのやり方は、のちにグルーエンが手掛ける世界初のモールとなるサウスデール・センターのヒントとなったかもしれない。

この頃グルーエンは設計のアルバイトの傍らに「政治キャバレー」にも足しげく通い、「ラグタイム」という黒人音楽や、権力者をからかう一幕芝居に夢中になっていた。パリの狂騒はウィーンに伝播していたのだ。チャールズ・チャップリンがパリを舞台にした映画『A Woman of Paris（パリの女）』の公開もこの頃のことである。作中にはパリの狂騒も描かれている。エルンスト・ルビッチはこの映画に触発されて狂騒の舞台をウィーンに変えた映画『The Marriage Circle（結婚哲学）』を撮った。青年グルーエンもこれらの映画に感化されたことだろう。

1925年にアカデミーを卒業したグルーエンは、アルバイト先のミシェル&シュタイナー事務所に勤めた。「赤いウィーン」の住宅政策で活況を呈していた共同住宅の設計のアシスタントだ。敗戦によりウィーンの住宅問題は差し迫まる危機的状況であった。カール・マルクスホーフなどの共同住宅は政府主導ですすめられた。ちなみにこのカール・マルクスホーフは、1974年のイタリア映画『The NIGHT PORTER（愛の嵐）』（リリアーナ・カヴァーニ監督）の撮影舞台となっている。

グルーエンは設計の仕事をする一方で、アカデミー生時代から通いつめていたナッシュマルクトにある「政治キャバレー」の支配人兼役者となった。二足の草鞋を履くのは睡眠時間を削る生活となったが、20代の若さと情熱がこれを可能にした。キャバレーの楽屋は狭く、着替えをする美しい女優たちと入れ替わり立ち替わりに舞台裏を走り回った。そこには笑いと軽いロマンスがあった。

キャバレーの常連客の1人に機械工場の工員で社会民主党活動家のフェリックス・スラヴィクがいた。グルーエンはこの9才年下のスラヴィクと、どういうわけかウマが合った。グルーエンは次第に社会民主主義にシンパシーを持っていく。

当時の娯楽として、ニューヨークで生まれた「ラプソディ・イン・ブルー」などのラグ・タイムや、『A Woman of Paris』などのハリウッド映画がヨーロッパ人を魅了していた。そこには第一次大戦に勝利し、平和をもたらした新興大国アメリカへの憧憬があった。1926年にウィーンで大評判となったハリウッド映画に『So This Paris（陽気な巴里っ子）』がある。恋のかけひきと、セックスを思わせるシンボリックなシーンの連続がまるでスクリューボールのような勢いで展開する。ウィーンっ子たちはこの映画の見せ場、黒人のバンドによるチャールストンのモブシーンに喝采を送った。監督はハリウッドで大成功したドイツ系ユダヤ人のエルンスト・ルビッチである。ルビッチはこの翌年にウィーンに凱旋している。この時グルーエンは映画の出演に想いを馳せながら、この先輩演劇人を敬愛のまなざしで眺めていたかもしれない。のちの日のことであるが、ルビッチはグルーエンの生活を新天地アメリカで救うことになる。
時代は動く。

ファシズムの暗雲

1930年代に入るとスラヴィクたちの社会民主党は、世界恐慌を背景に台頭したムッソリーニ寄りのオーストロファシストと対峙するようになった。そして、1932年、社会民主党は選挙戦でファシスト政権に敗れた。この年グルーエンは、ミシェル&シュタイナー事務所から独立して個人オフィスを構えた。主に店舗改装の仕事を引き受けた。1934年2月、社会民主党はファシストからの弾圧に耐えかねてシュシュニク政権に対し武力蜂起するが、失敗。シュシュニクは何千人もの反政府分子を逮捕、処刑した。グルーエンの演っていた政治キャバレーの常連客スラヴィクも1935年に逮捕されている。

ロバート・ワイズ監督の映画に『サウンド　オブ　ミュージック』（1965年）がある。この映画に出てくるトラップ一家のゲオルグ・フォン・トラップは実在の人物であり、彼はシュシュニクの支持者であった。ファッショの時代だ。

これを機にグルーエンはファシスト政権をからかう政治キャバレーを引き払い、店舗改装デザインの仕事に専念した。グルーエンにとって再び暗黒時代の始まりであった。

ウィーンのリベラル・アーツを奉じるユダヤ人たちはファシストから逃れるために海外に亡命する者と、留まって様子をうかがう者とに分かれていた。例えばエルンスト・ルビッチの一番弟子であるビリー・ワイルダーは1934年にアメリカに亡命している。そして翌1935年にウィーンへ戻り、母親に一緒にアメリカへ亡命することを説得するが失敗。母親は後にアウシュビッツ送りとなった。ワイルダーの師エルンスト・ルビッチもウィーンを訪ねている。ドイツ国籍を剝奪されていてもアメリカのユダヤ人であればウィーンに往き来できていたことが判る。1936年4月、ルビッチはウィーンのケルントナー・リングにあるブリストル・ホテルに滞在。新作映画の原案としてフーゴ・フォン・ホーフマンスタール作、リヒャルト・シュトラウス作曲のオペラ『薔薇の騎士』を求めに来たのである。『薔薇の騎士』の舞台を担当したルビッチの恩師であるマックス・ラインハルトの口添えもあったかもしれない。しかし、当のシュトラウスがヒトラーの側近ヨーゼフ・ゲッベルスから第三帝国音楽院総裁に就くよう依頼されていることを耳打ちされてこれを断念。ナチスの暗雲がウィーンに迫っていたのだ。

オーストロファシズムは次第にナチス化していく。ウィーンに漫然とあったユダヤ嫌い（反セム）の感情が、のちのホロコーストへとつながる極端な反ユダヤ思想へと変化していった。ユダヤ人であるグルーエンにとっては、毎日が気が気でなかったことであろう。それでもグルーエンはウィーンに留まり続ける選択をした。妻ができ、仕事があったからである。

1937年、隣国ドイツのミュンヘンで気がかりなイベントが起きた。ヨーゼフ・ゲッベルスが企画した「退廃芸術展」である。マルク・シャガールら画家たちの絵が侮辱的に陳列され、前衛芸術とともにユダヤ人アーティストを吊し上げにした。このイベントは、4か月間で200万人を動員するという異常な人気ぶりであった。「退廃芸術展」を扱った映画にフロリアン・ヘンケル・フォン・ドナースマルク監督の『Werk ohne Autor（ある画家の数奇な運命）』（2018年）がある。画家ゲルハルト・リヒターの体験談をベースに脚色した作品だ。ナチズムにおける屈折した反ユダヤ感情を描き出している。

そして、いよいよその時がやって来た。

1938年3月12日、ナチスドイツはウィーン市民の熱狂的な歓呼を受けながら平和裡にオーストリアを合邦（アンシュルス）。15日、ドイツとの国境の地ベルクホーフで待機していた総統アドルフ・ヒトラーが満を持してやって来た。ヒトラーは、新王宮のバルコニーから演説する。ヨアヒム・C・フェスト、クリスチャン・ヘレンドルファー監督の記録映画『ヒトラー』（1978年公開）には、ひと目ヒトラーを拝もうと広場にあふれかえり、ついにはカール大公の騎馬像にまでよじ登るウィーン市民の姿が映されている。ちなみにこの映画の中で、ドイツから追放されたユダヤ人のカットにエルンスト・ルビッチ、その師であるマックス・ラインハルトが出ている。ヒトラーは悲願であった復讐に着手する。かつて自分を認めようとしなかったウィーン美術アカデミーのユダヤ人教授らの追放である。

4月13日、ユダヤ人企業のアーリア化がナチスにより執行された。ヘルマン・ゲーリングの警察組織ゲシュタポがユダヤ系財閥のロスチャイルドを逮捕した。彼の邸宅を接収して「ユダヤ人移送局本部」としたのはアーリア化の一例である。移送局のオフィサーはグルーエンの一つ年下のアドルフ・アイヒマン。彼は、出国手続きを簡素化して、ユダヤ人の国外移送を迅速かつ大量化することに成功した。有能なる官吏アイヒマンは、ウィーンで自由に暮らしてきた16万7千人のユダヤ人から「帝国逃亡税」と称し身ぐるみはがして追放したのである。

ウィーンでは、ドイツで横行していたユダヤ人への迫害が日常化していった。ユダヤ人はユダヤ人であるという理由だけで、歩道を歩くことを禁じられ、さらには衆人環視のもとバケツとブラシで道路を磨かされるなどの様々な侮辱を受けたのである。チャップリンの映画『独裁者』（1940年）でも描かれているように、ユダヤ人の店舗は落書きをされ、いやがらせが横行した。

「この世には、天国と地獄がある」（ユダヤの格言）。

この日常はグルーエン夫婦にとって、まさに地獄であった。

夫婦がウィーンを脱出したのは7月になってからのことである。彼らにとってのこの数か月間は、迫害の恐怖にさらされ続ける緊張した時期であった。それでもグルーエンは1938年3月11日まで35年間を過ごしたウィーンのことを「知的で文化的な生活の中心地」「天国だった」と語っている。

グルーエンがウィーンを脱出した数か月後の11月9日に、ヨーゼフ・ゲッベルスによる悪名高きユダヤ人への暴動「水晶の夜」（クリスタルナハト）が起きている。

まさに間一髪の脱出劇であった。

これがビクター・グルーエンの前半生である。

ここからわかる彼のパーソナリティを示すと以下の6つである。

①ウィーンの裕福なユダヤ知識人との縁
②ヨーロッパの古い街並みへの憧憬
③店舗改装のデザインスキルと美意識
④演劇や音楽への傾倒
⑤左翼人士との交わり
⑥差別主義・排外主義への反感

これらのパーソナリティがないまぜとなり、彼の後半生を彩るドラマとなっていく。

第２章

ニューヨーク

1938～1941

ニューヨークのマンハッタン大橋／着の身着のままで亡命したグルーエンがユダヤ人居住区からほっつき歩いて見上げたアメリカを象徴する巨大建造物の一つである。

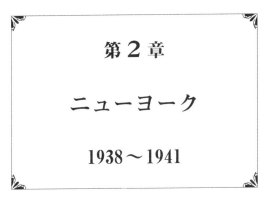

ハリウッドからの援助

　1938年7月、グルーエン夫妻はキャバレー芝居で使った鉄カブトを被りドイツ兵に扮した仲間と共に、ウィーンから空路チューリッヒ、そしてイギリスに逃れる。イギリスからはスタッテンダム号に乗船し、新天地ニューヨークにたどり着いた。この時グルーエンのポケットには8ドルと三角スケールしか入ってなかった。

　この逃亡劇によく似た映画がある。1942年にユナイテッド・アーティスツにより封切られた『To Be or Not to Be（生きるべきか死ぬべきか）』（注2）である。ワルシャワに暮らすユダヤ人の劇団員が、ナチスをからかう一幕寸劇で使ったドイツの軍装に身を包み空路イギリスに亡命するという筋書きである。役者兼座長のトゥラは壊滅的な大根役者として描かれている。グルーエンの逃亡劇がモデルとなっているようだ。この映画の監督こそ1927年に青年グルーエンがウィーンで出会ったエルンスト・ルビッチであった。

　亡命者に必要なものが3つある。

　査証と、当座の金と、職。

この3つを提供してくれた人こそがルビッチであった。1938年11月5日、ルビッチはヨーロッパから逃れてくる同胞アーティストらを支援すべくヨーロッパ映画基金を設立。基金は、数百名の亡命ユダヤ人アーティストの生計を支援した。メンバーはルビッチを筆頭に、ハリウッドの錚々たる大物がそろっている。

まずは、ユニバーサルの創業者であるカール・レムリ。ユニバーサルはグルーエンがモールを発明するヒントともなったSF映画『バック・ロジャース』の製作会社だ。

それから、ルビッチ監督の映画「天使」（1937年）に出演したマレーネ・ディートリヒや同監督の「ニノチカ」（1939年）に出演したグレタ・ガルボが所属したタレントプロダクション社長のポール・コーナー。ディートリヒは、ドイツ貴族の末裔でナチスドイツの宣伝大臣ヨーゼフ・ゲッベルスが愛人に求めた女優である。ガルボは、アドルフ・ヒトラーが夜毎にプライベイトシアターで上映したフィルムの女優である。2人ともそれを嫌がりハリウッドに逃れた。

他にも、ドレフュス事件を扱った映画『ゾラの生涯』（注3）の監督であるウィリアム・ディターレ。

映画『デッド・エンド』（1937年）や『ローマの休日』（1953年）の監督であるウィリアム・ワイラー。

「ホワイトクリスマス」や「ショーほど素敵な商売はない」の作曲者であるアーヴィン・バーリン。

映画『サウンド　オブ　ミュージック』の楽曲を担当したリチャード・ロジャース。

アラン・クロスランド監督の『ジャズ・シンガー』（１９２７年）に出演したアル・ジョルソン。（注４）

マルクス兄弟の『A NIGHT AT THE OPERA（オペラは踊る）』（１９３５年）（注５）の脚本家であるジョージ・カウフマンらがいる。

彼らは、そろってユダヤ人である。

基金に助けられた者の中にはエッセイ『ゾラ』で第一次世界大戦のドイツ敗北を予言したハインリヒ・マンや、劇作家のベルトルト・ブレヒト、そしてグルーエンらがいた。

基金の斡旋でグルーエンが選んだ職は、ウィーン時代と同じく建築・設計の製図技師と、芝居の二足の草鞋であった。人生半ばに入ってからの逃亡者が選ぶ生業は、前職と同じものになりやすい。グルーエンはアメリカでの建築業免許を取得できていなかったため、他の建築家の手伝いをしていた。その傍らで、当時60を数えたブロードウェイ演芸場の中に、その名も「ユダヤ人難民劇団」を旗上げした。劇団の活動を支援したのもやはりルビッチのヨーロッパ映画基金であった。公演の手配にあたったのは、ジョージ・カウフマンの妻ベアトリスであった。アーヴィン・バーリンは彼らの歌の指導を務めた。ドイツ系ユダヤ人のアルベルト・アインシュタインも彼らを励ました。

１９３９年6月、グルーエンは『フロム　ヴィエンナ』というウィーンからの難民をテーマとしたキャバレー作品を演じた。風刺の効いた諧謔が売りで、どうしても話芸が中心となる。まだ英語を話せなかったグルーエンらはドイツ語でこれを演った。言葉の壁により、観客からの笑いは取れなかった。そして、この作品は難民への温かい同情としてだけで迎えられたのである。コメディーが同情されたら、これはもうお終いである。芝居の千秋楽で、英語ができないことを逆手に取った自虐ネタを演り、幕を引く。こうしてグルーエンは自らの演劇人生に見切りをつけ、今度こそ建築・設計の仕事に専念することを決意した。

舞台が無くたって自分の表現したいことは演れる！

ブロードウェイから5番街へ

8月のある日、素寒貧のグルーエンが5番街を散歩していると、知人であるルードヴィッヒ・レデラーと思いがけず再会した。彼は5番街に高級皮革店を開く計画をグルーエンに明かした。そして、その場でグルーエンを店装デザイナーとして雇い入れた。当時のニューヨークの店装は、ストアフロントの演出も視覚効果もなく、客動線と裏動線が混在する無神経なものであった。グルーエンは、こうした乱雑な店装を生理的に受け付けなかった。グルーエンの洗練された店装は、ネオンサインとガラスのファサードを活かしたストアフロント、ショーウィンドウのディスプレイ演出、演劇的なライティングプラン、客を誘う導線計画などによってニューヨーカーたちに一大センセーションを巻き起こす。グルーエンの持つ演劇的手法は、店装という領域においてようやく花開くのである。これを機に、11件の店装の仕事が転がり込み、グルーエンはニューヨークで生き残るための天職と安定した収入とを手に入れたのであった。まちでは、エイベル・ミーロポル作詞・作曲の「奇妙な果実（Strange Fruit）」をビリー・ホリデイが歌っていた。

１９３９年のニューヨークには、グルーエンにとって強い印象となる４つの出来事があった。

1つ目は、グルーエンが亡命する5か月前にマディソン・スクエア・ガーデンで開かれた2万人のドイツ系アメリカ人による親ナチス大会である。これに対し大多数のアメリカのユダヤ人たちは公然とナチス批判するのを自粛した。9月1日、ドイツ軍はポーランドに侵攻、第2次世界大戦が始まる。ポーランドのユダヤ人たちは「アメリカのユダヤ人は何もしてくれない！」と怨嗟の声をあげた。グルーエンの内には名伏しがたい暗い気持ちが沸き上がった。

2つ目は、カール・レムリのユニバーサル製作、フォード・ビーブ監督の『バック・ロジャース』のテレビ放映である。グルーエンは12週に及ぶこのサイエンス・フィクションを楽しんだ。英語を勉強していたグルーエンにとってはちょうどよい練習台にもなった。500年後の未来都市が舞台。土星の地上は砂漠という設定で、人々は地下都市で暮らしている。その都市には「トンネルカー」という自動走行の公共交通システムがネットワークしている。後にグルーエンが発明するエンクローズドモールは、こうしたSF的思考から発想された。

3つ目は、クイーンズ区にあった灰置き場のフラッシング・メドウズを会場に開催したニューヨーク万博である。建築家のヒュー・フェリスがデザインコンサルタントとなった。グルーエンは万博会場の建築・設計を手伝った。この万博には、ハンガリー系ユダヤ人のマウリス・アスカロンがデザインしたパレスチナ・ユダヤ館もあった。万博の人気パビリオンはGM社の「フューチュラマ」であった。20年後の都市ネットワークの姿を50万個のミニチュアのビルとスーパーフリーウェイで表現。その上空を観客が「ムービング・チェア」に乗って俯瞰するというライド式アトラクションになっている。デザインはノーマン・ベル・ゲデスである。

4つ目は、〝マスター・ビルダー〟と呼ばれるドイツ系ユダヤ人ロバート・モーゼスによるイースト・リバー・パークの開園である。このイースト・リバー・パークは、クルマ社会の結実としてアメリカのエスタブリッシュメントから激賞された。しかしながらグルーエンの目には、この役者顔負けの悪人づらをしたモーゼスが「ニューヨークの独裁的反都市計画家」「都市の偽りの友だち」として映ったのである。

モーゼスとギャッツビー

マスタービルダーと称されたロバート・モーゼス

1888年12月18日、コネティカット州ニューヘイブン生まれ。父親はスペイン系ユダヤ人のビジネスマン。母親は上流階級に属するドイツ系ユダヤ人。グルーエンの出自と似ている。

両親がニューヨーク五番街46丁目にタウンハウスを所有していたこともあり幼少期をそこで過ごしたのだが、雑踏の喧騒に嫌気がさしてニューへイブンに戻った。モーゼスのパーソナリティがわかるエピソードだ。三つ子の魂百までというが、界隈性とかコミュニティへの不理解はこの頃からのものであったろう。

1905年、17歳で生家の近くにあるイエール大学に入学。イエールではモーゼスがユダヤ人であるという理由から社交クラブへの入会を拒否された。非開放というやつである。大いにプライドを傷つけられたモーゼスはイギリスのオックスフォードへと留学。政治学を専攻した。帰国後はニューヨーク市政に参与し、持ち前の旺盛な権力志向を発揮してその頭角を現す。1924年にはニューヨーク州立ロングアイランド公園の局長に抜擢された。

モーゼスが36才となった1924年当時のニューヨーク。その狂騒を象徴する2人のアーティストがいる。ともに「ジャズ・エイジのエース」と評価されている。

1人は、1924年2月12日にミッドタウン42丁目のエオリアン・ホールでラグタイムの名曲「ラプソディ・イン・ブルー」を演奏したロシア系ユダヤ人のジョージ・ガーシュイン。もう1人は、翌年4月10日に『ザ・グレイト・ギャッツビー』を発刊したF・スコット・フィッツジェラルドだ。

『ザ・グレイト・ギャッツビー』は1974年にジャック・クレイトン監督により映画化されている。ギャッツビー役は、ロバート・レッドフォード。2013年公開のバズ・ラーマン監督『華麗なるギャツビー』ではレオナルド・ディカプリオがギャッツビーを演じた。作中の夜会の狂騒シーンは圧巻であり、ガーシュインの「ラプソディ・イン・ブルー」が高らかにかかっている。

実はこのギャッツビーとモーゼスはよく似ているのだ。ギャッツビーは自家用高級車を飛ばしてロングアイランドの豪邸からマンハッタンのホテルへと遊びに繰り出す。モーゼスといえば、運転手付きの高級車マーモンの後部座席にドッカと座り、マンハッタンとロングアイランドを往来した。まさに作中のギャッツビーそのもの。ただし、モーゼスは自ら運転することはなかった。

モーゼスはギャッツビーのように派手な夜会を好んだ。夜会では、ガイ・ロンバルドのロイヤル・カナディアンズが「ウィーンの森の物語」などをラグタイム調で演奏していた。

マンハッタンとロングアイランドの中継ポイントにクイーンズ区北端に位置するフラッシング・メドウズがある。1939年にニューヨーク万博会場となるところだ。『ザ・グレイト・ギャッツビー』の物語はこの地で急展開する。マンハッタンからロングアイランドに向けて疾走する高級車が起こす人身事故だ。

酒とセックスと自動車のスピードがもたらす快楽。

何やらのちのクルマ社会の負の側面を予感させる。『ザ・グレイト・ギャッツビー』の基調でもある。

ちなみにフラッシング・メドウズは、グルーエンの反クルマ社会の盟友となって共にモーゼスの論敵となるルイス・マンフォードの生地でもある。

モーゼスにとってもフラッシング・メドウズは因縁の地であった。モーゼスが1964年に2回目となるニューヨーク万博の会長に就任した時、彼はこのフラッシング・メドウズ・パークを万博会場に指定した。そしてモーゼスは、この時の万博が大赤字を出したあたりから政治の表舞台より消えていくことになる。

第3章

ビバリーヒルズ

1941～1948

ロサンゼルスのビバリーヒルズ／ニューヨーク５番街で成功をつかんだグルーエンは西海岸に居を定めた。この地でグルーエンは安定した地位をつかんでいく。

アメリカ国籍の取得

1940年は、近代都市建築に多大な影響を与えた『パサージュ論』の著者であるユダヤ人思想家ヴァルター・ベンヤミンが死に追いやられた年である。『パサージュ論』は、「気散じ」「遊歩」という都市人の特徴的行為とパサージュの関係を著した大作である。

1940年6月14日、ドイツ軍はパリに侵攻。ベンヤミンはあらゆる伝手を頼り、マルセイユに逃れた。そして9月末、ゲシュタポの監視をかいくぐり、心臓の病に耐えながら急峻なピレネーの山越えに挑んだ。ベンヤミンは決死の思いでフランスを脱し、スペイン側の国境警備隊詰所にたどり着くが、ここで足止めを食らった。スペイン当局の指令によってポルトガルへの通過ビザを無効にするというのだ。そのうえフランスへの送還命令を受けたベンヤミンは絶望し、モルヒネによる自死を遂げた。

ベンヤミンの亡命の記録としてリーザ・フィトコの手記『ベンヤミンの黒い鞄』がある。その中でリーザは、強制収容所とゲシュタポの手から逃れるには「il faut se débrouiller」（イル・フォー・ス・デブルィエ）が必要だとしている。「イル・フォー・ス・デブルィエ」すなわち抜け目なく何とかして活路を切り開く力のことである。最後の最期、ベンヤミンにはこれが欠落していた。一方、ドイツ兵にまぎれてイギリスに逃げおおせたグルーエンにはこれがあった。

ベンヤミンは黒い鞄の中に彼の生命より重い未発表手稿を肌身離さず持っていた。比べてグルーエンがニューヨークに持って来たものは、これから彼が創造するであろう世界を測る三角スケールのみであった。

1941年、五番街でサクセスチャンスをつかんだグルーエンはニューヨークからロサンゼルスのビバリーヒルズ近郊に居を移し、グルーエン&クルメック・オフィスを開設する。ビバリーヒルズには、彼を支援してくれたエルンスト・ルビッチもいた。この時ルビッチは自ら原案した映画『生きるべきか死ぬべきか』の撮影の真最中であった。ルビッチ自ら原案するのは珍しいことである。

グルーエンは既に38歳になっていた。芝居の道を捨て、店装とロードサイドドライブインの改良プランの仕事に勤しんだ。まさに稼ぎ時である。この年はグルーエンがショッピングセンターの改良モデルに着手する年でもあった。グルーエンにとって、生まれ育ったヨーロッパのウィーンと比べるとロサンゼルスのロードサイドドライブインは無計画で粗雑に過ぎた。客動線と荷捌き動線が混在していたのである。劇場であれば客席と舞台裏が一緒くたになっているようなもの。

ロサンゼルスの郊外ショッピングセンターもグルーエンの美意識にそぐうものではなかった。しかしながらグルーエンの理想とするショッピングセンター計画は、なかなか上手く描けずにいた。この頃のことをグルーエンはこう述懐している。

「私は私の思い描くショッピングセンターに対する夢を果たすことに幾度となく失敗していた。」

当時のグルーエンには、越えられない先達が2人いた。1人は、先輩演劇人で「映画業界のプリンス」と称されたエルンスト・ルビッチ。もう1人は、都市計画の世界において〝マスター・ビルダー〟と称されたロバート・モーゼス。2人は、グルーエンと同じドイツ系ユダヤ人である。のちにグルーエンは、彼の思い描くショッピングセンターによってこの2人の先輩ドイツ人を乗り越えていくことになる。

私生活としては、ウィーンからともに逃れて来た妻アリス・カルドスと離婚し、二人目の妻であるオフィスパートナーのエルシー・クルメックと再婚。息子マイケルは1歳であった。

1941年12月7日、アメリカは日本と開戦した。12日にはドイツ、イタリアとも戦争状態となる。ロサンゼルスにいたグルーエンも日本海軍による戦禍の脅威にさらされることになった。またちなかではロシア系ユダヤ人のベニイ・グッドマンのスウィングジャズが流れていた。（注6）

1942年2月になるとルーズベルト大統領はFBI長官ジョン・エドガー・フーヴァーの進

言を受け、日系アメリカ人8万人と日本人移民4万人を敵性外国人とし、警察・FBI・軍を動員して強制収容した。大統領夫人のエレノアは強制収容に反対した。グルーエンにとっては、ナチスのゲットーを彷彿とさせる暗いニュースであった。フーヴァーを扱った映画にクリント・イーストウッド監督の『J・エドガー』（2011年）がある。レオナルド・ディカプリオが有色人種と共産主義者に敵意をむき出すフーヴァーを演じている。

そんな1943年、グルーエンはようやくにしてアメリカ国籍を取得！　今日までどんなに、所在なげであったことだろうか。やっとである。ようやく、反撃のファイティングポーズをとることができる！

1943年は、ようやくにしてアメリカ軍がドイツ軍に詰め寄ることができた年でもある。5月にはパットン将軍がアフリカ戦線で勝利をものにしている。ユダヤ系アメリカ人となったグルーエンにとっても喜ばしい戦況であった。

この頃に大躍進した政党にアメリカ合衆国共産党があった。反ファシズム戦争における米ソの協力体制がその背景にあった。

ヨシフ・スターリンのソ連軍がドイツに勝利するまでの動きを見てみよう。

1945年1月27日、110万人のユダヤ人を虐殺したポーランドのアウシュビッツ強制収容所を占領。

1月28日、自軍の人的損害を顧みない人海戦術によってブダペストのドイツ軍を撃破。

4月2日、圧倒的な火力を用いてウィーンに進撃。ブダペスト同様に自軍の多大な人的損害を出しながら市街戦に勝利。

13日、オーストリアに共和制を戻し、永世中立を宣言させる。首都ウィーンは、ソ連・アメリカ・イギリス・フランスの4か国によって分割統治
4月末、人海戦術でベルリンに進撃し勝利。総統アドルフ・ヒトラーと宣伝相ヨーゼフ・ゲッベルスを自死に追い込む。


ソ連軍がブダペストに進軍した時に、40万人のハンガリー系ユダヤ人をアウシュビッツ送りにした〝移送のスペシャリスト〟アイヒマンは、ソ連兵による拘束を恐れてウィーンに逃亡した。そこにソ連軍とアメリカ軍が東西から進撃、アイヒマンはアメリカ軍に投降した。その後、アイヒマンは収容所を脱走して大西洋を渡り南米に逃れた。かつて、グルーエンが渡った同じ海だった。

ヨーロッパに帰らないグルーエン

映画は、「フィルム・ノワール」の時代である。

「フィルム・ノワール」の傑作クライムサスペンスに『第三の男』と『裸の町』の2作品がある。

キャロル・リード監督『第三の男』（1949年）は、ウィーンの4か国分割統治を扱った映画だ。封切られた『第三の男』のロケ地は、グルーエンにとってあの懐かしいウィーン。きっとロサンゼルスのグルーエンは『第三の男』を観に行ったことだろう。

映画は、当時ヨーロッパで流行していた弦楽器のクローズアップからスタートし、そこからスライドして聖ステファン寺院、そしてウィーン西駅へと転換する。駅へ降り立つアメリカからやって来たホリー・マーティン（ジョセフ・コットン）は、彼を招いた親友ハリー・ライム（オーソン・ウェルズ）の出迎えを待つのだが、ハリーは来ない。ホリー・マーティンがハリーのアパルトマンまで訪ねに行くと、彼は自動車事故で死んだと告げられる。廃墟となったウィーンは、闇商人が跋扈していて治安はすこぶる悪い。ホリー・マーティンはハリーの死に疑いを持ち、追跡すると実はハリーは生きていて、しかも闇商人のボスであることが判る。結局ハリーは、4か国が共同管理する国際警察に追い詰められて死ぬ。

グルーエンは戦後すぐにアメリカ人がウィーンの親友を訪ねるという設定に何を感じたことだろうか？きっと1938年に別れた友人スラヴィクを思い出したに違いない。

劇中劇としてウィーン第8地区のヨゼフ・シュタット劇場での話劇が出てくる。アメリカ人のホリーにはドイツ語が理解できない。グルーエンがブロードウェイで演った『フロム　ヴィエンナ』の言葉の壁を彷彿とさせるシチュエーションだ。

グルーエンは、ホリーのようにアメリカを出てウィーンに行こうとしなかった。それは、ようやくにして手に入れたアメリカ国籍と、ビバリーヒルズでの妻子との生活、そして当時花形と言われた都市計画の仕事を手放したくはなかったからである。第一次の時も第二次の時も大戦直後のヨーロッパ人は、やや屈折した憧れをアメリカに対し抱いていた。第一次大戦後にはグルーエンもアメリカに憧れていた。そして二次大戦後にはグルーエンがヨーロッパから憧れられる存在へと転身していた。（注8）

「フィルム・ノワール」の傑作クライムサスペンスの2作品目は、ロシア系ユダヤ人のジュールズ・ダッシン監督『Naked City（裸の町）』（1948年公開）だ。（注7）ダッシンはユダヤ芸術劇場の出身で、イディッシュ語による芝居の役者をしていた。またアメリカ合衆国共産党のシンパでもあった。この点ではダッシンとグルーエンは似た経歴を持つ。ダッシンの映画はそれまでのソフィストケイテッドなルビッチタッチを離れ、人物の赤裸々な実像を映し出すセミドキュメンタリーという手法を用いた。この映画はいわゆる刑事ものであり、追い詰められた犯人がよじ登ったウィリアムズバーグス橋の主塔から落下死するという筋書きである。塔の上で犯人はむき出しのニューヨークシティを目撃する。それはイースト川の両岸の風景であり、一方がテニスコートのあるイースト・リバー・パーク、もう一方が船積み場に面した貧困層の居住区である。富めるアメリカと貧しいアメリカの両面を表している。ウィリアムズバーグス橋とイースト・リバー・パークの開発を計画したのはロバート・モーゼスであった。

１９４５年はフリーウェイが次々と開発されたクルマ社会の始まりの年である。そんな時代の都市計画家としてエリート中のエリートと目されたのがロバート・モーゼスである。この当時にアメリカの青年が憧れる職業は都市計画家であった。このことはフランク・キャプラ監督の映画『素晴らしき哉、人生！』（１９４６年）の中でも描かれている。グルーエンはモーゼスの都市計画を受けいれなかった。モーゼスの主導するどこまでも拡張するフリーウェイと、単一用途の施設の乱立には我慢がならなかったからである。しかしながら、当時のグルーエンはその対案をつくることができずにいた。

1947年、グルーエンはクルメックと共にロサンゼルス郊外のウエストチェスター地区にあるミリロンズ百貨店の計画を完了した。新興住宅に住むリッチなマイカー族がターゲットだ。グルーエンはスロープを活用して駐車場を屋上に定めた。客はそこからエスカレーターで階下に降りて、ゆったりとランブリングを楽しみながらショッピングに興じた。グルーエンのいうところの「コスト・スペース・消費行動のパフォーマンス」である。一層を二層に見せるファサードのデザイン的工夫もした。しかし、この郊外型百貨店はグルーエンの理想とするショッピングセンター計画ではなかった。

この冬、グルーエンの恩人にして大先輩のルビッチが、外科手術の甲斐もなく心臓病のため死去した。ヘビースモーカーで知られたルビッチは、ヴァルター・ベンヤミンと同じ持病を抱えていた。心臓部への外科手術という言葉は、グルーエンに何かを暗示させるキーワードとなる。翌年にルビッチの遺品がオークションにかけられた。この時、ルビッチが大事に所蔵していたマルク・シャガールの絵画「ユダヤ人の村の上空を天使が飛んでいる図柄」が謎の消去を遂げている。オークションには、ルビッチのトレードマークである葉巻のコレクションが出品された。グルーエンも葉巻をトレードマークとするようになる。この頃からグルーエンは、少しずつハリウッドと距離をとるようになった。ハリウッドには、グルーエンにまとわりつく新たなる脅威があったからである。

第4章

ハリウッド

1948～1954

ロサンゼルスのハリウッド／アメリカに亡命したグルーエンを支援したのは、同じユダヤ系の映画人たちであった。

赤狩り

この章ではグルーエンは登場しない。その代わりにグルーエンを救ったヨーロッパ映画基金の幾人かの映画人が登場する。1948から1954年にかけて、彼らは大変な迫害を受けた。赤狩りである。

〈1930年代　大恐慌とファシズム台頭を受け　数千人のアメリカ人が共産党に入党　第二次世界大戦で米ソが同盟を結ぶと入党者は増加した　労働運動の旗手だった脚本家ダルトン・トランボは1943年に入党　だが冷戦がはじまり共産主義者は疑惑のまなざしを向けられる〉

これはジェイ・ローチ監督の映画『トランボ　ハリウッドに最も嫌われた男』（2015年）のオープニングのクレジットである。第二次世界大戦後にアメリカ合衆国共産党員は10万人になろうとしていた。これに危機意識を持つジョン・エドガー・フーヴァーらを後盾とするジョセフ・マッカーシー上院議員が巻き起こしたのが「マッカーシー旋風」といわれる赤狩りである。マッカーシーはその影響力に着目し、赤狩りの場としてハリウッドを一丁目一番地に指定した。そしてハリウッドで内部告発する協力者に、全米で3500万の読者を持つゴシップコラムニストのヘッダ・ホッパーを起用した。ジョン・ウェイン、クラーク・ゲイブル、ゲイリー・クーパーらは自ら「アメリカの名誉を守る映画同盟」と称し、ヘッダの赤狩りに協力した。ウォルト・ディズニーもトランボらが指導した映画労働者ストライキを憎悪していて、率先して告発に協力した。告発された者は非米活動委員会の聴聞会にかけられ、かつて共産党と何らかの関りがあったかを査問された。その上「仲間を教えろ」とさらなる密告を強いられた。査問に答えず、仲間を売らなかった者は収監された。トランボも1950年6月、ケンタッキー州アシュランドの連邦刑務所に収監された。ヘッダの作成したブラックリストには俳優のジョン・ガーフィールド、『デッド・エンド』（1937年）の脚本家のリリアン・ヘルマン、『裸の町』（1948年）の監督ジュールズ・ダッシンらのユダヤ人たちがいた。

ガーフィールドはグレゴリー・ペックと共に映画『紳士協定』（1947年）に出演している。この映画は、アメリカ社会に隠然と潜むユダヤ人差別の暗黙の了解を暴き出すもので、ガーフィールド演じるデイブのセリフには次のようなものがある。

「差別や偏見を目前にして沈黙するのは、それを助長することでしかない。」

見て見ぬふりをする者こそ最悪なのだという。監督は、エリア・カザンである。皮肉なことにカザンは赤狩りのターゲットとして自らがマークされてしまい、そこから逃れるための司法取引としてリリアン・ヘルマンや、ガーフィールドら11人を密告してしまう。1952年のことである。彼の作った映画が訴える正義とは真逆の行動であった。密告社会と化したハリウッドで吹き荒れた赤狩りの激しさが窺い知れる。ガーフィールドは弾圧による過重なストレスにより病死してしまった。こうした赤狩りのターゲットは、映画人から始まり、次第に教師、公務員、兵士を含む数千もの一般市民にまで及んでいった。

ジャーナリストのジェイン・ジェイコブズも1952年に非米活動委員会から嫌疑をかけられ質問状を突き付けられた。この年、チャールズ・チャップリンは非米活動委員会により〝左翼勢力一派〟の嫌疑から国外追放の身の上となった。

ロバート・モーゼスは、論敵であるルイス・マンフォードに〝左翼勢力一派〟とレッテルを貼って彼の立場を悪くさせようとした。一方グルーエンはといえば自分もマンフォードのような目に合わないようにおとなしくしていた。

最近赤狩りを扱った映画にクリストファー・ノーラン監督の『OPPENHEIMER』（2023年）がある。キリアン・マーフィー演じるJ・ロバート・オッペンハイマーは、ビクター・グルーエンやロバート・モーゼスと同じニューヨークのドイツ系ユダヤ人である。

反撃する映画

ハリウッドはいつまでも密告社会の言いなりにはならなかった。ダルトン・トランボ、ビリー・ワイルダー、ハンフリー・ボガード、ヘンリー・フォンダ、グレゴリー・ペック、オットー・プレミンジャーら映画人がマッカーシズムに反対姿勢を示したのだ。映画『トランボ』の中にはグレゴリー・ペックがラジオからアジテートするシーンがある。

「ハリウッド反撃！！反共ヒステリーが国民の自由を脅かしています、弾圧による悲劇です……！！！」

事実、1953年ハリウッドは反撃する。

反撃の一つ目はビリー・ワイルダー監督、ウィリアム・ホールデン主演の『第十七捕虜収容所』であった。そして二つ目はウィリアム・ワイラー監督、オードリー・ヘップバーン、グレゴリー・ペック主演の『ローマの休日』であった。この2つの映画は、ともに密告社会と戦う友情・信念をテーマにしている。ちなみにワイルダーもワイラーもグルーエンがアメリカに亡命した時に援助をしてくれた大恩人である。

ワイルダーはドイツ系ユダヤ人で、エルンスト・ルビッチの一番弟子として知られる。『第十七捕虜収容所』でナチスの収容所長シェルバッハを演じたのがウクライナ系ユダヤ人のオットー・プレミンジャー。プレミンジャーもルビッチに連なる映画人である。シェルバッハは収容所の捕虜の中にスパイを送りこんだ。捕虜たちは、密告者が誰なのかわからず互いに疑心暗鬼となるが、不屈の抵抗心と信念により真の密告者を暴き出し、最後には仲間の脱獄を見事成功させるという筋書きである。ナチズムとマッカーシズムが暗に重なり合う。

ワイラーの『ローマの休日』の脚本は、ヘッダ・ホッパーの目を欺くためにイアン・マクレラン・ハンター名義とはしたが、実は原案を含めトランボの仕事であった。１９５３年にはようやくにしてマッカーシーに対する不信が全米で募りつつあった。『ローマの休日』のクランクアップは、ロケ地ローマでのスケジュールをわざと遅らせて、このタイミングを見計らった。

グレゴリー・ペック演じる新聞記者ジョー・ブラッドレーは、宮殿を抜け出したアン王女とひょんなことで知り合いとなる。ジョーはローマで自由を満喫する王女を盗撮して大スクープをものにしようとするが、次第に王女との友情が芽生えスクープをあきらめるという筋書きである。

１９７０年３月、ロサンゼルスでの講演会でトランボは静かにこう語った。

〈ブラックリストは悪の時代でした。誰一人としてその魔の手にかからなかった人はいません。個人の力では制しきれない状況に誰もが追い込まれ　それぞれが自分の本質や　必要性や信念に従い行動しました。そうせざるを得なかったのです。　大勢の人が家を失いました。家族も失いました。中には命を失った人もいます。あの暗黒の時代を振り返るとき　英雄や悪者を探しても何の意味もありません。いないのですから。いたのは被害者だけ。なぜなら誰もが追い込まれ意に反したことを言わされやらされたからです。ただ傷つけあったのです。お互い望んでもいないのに。〉（映画『トランボ　ハリウッドに最も嫌われた男』より）

1954年に共産主義者取締法が施行されて、アメリカ合衆国共産党は党員を2000人にまで激減させた。これと合わせて一般市民への赤狩りは次第に収束していく。しかし、ヘッダ・ホッパーの非米活動委員会は1975年まで存続した。

グルーエンにとっても赤狩りは他人事ではなかった。グルーエン自身もオーストリア社会党のシンパであり、スネに傷持つ身であったからである。

グルーエンは、赤狩りの現場から距離をとっていた。恩人たちの惨状に目をつむり、自身と家族とアソシエイツの行く末に注力していた。そして彼はこの時期、自らの人生を大きく飛躍させるビッグビジネスに挑んでいた。それは赤狩りとちょうど時期の重なる1948年から1954

年にかけてのデトロイトでのことである。

第5章

デトロイト

1948〜1954

デトロイト／スプロール化するアメリカの大都市の一つである。この地の郊外立地でグルーエンは、彼の理想通りのショッピングセンターを開発する。

オスカー・ウェッバーとの出会い

1948年、グルーエンの乗った飛行機が悪天候のためミシガン州のデトロイトに緊急着陸した。次のフライトまでの時間ができたグルーエンがデトロイトの中心部を散歩していると、ハドソン百貨店に行きあたった。この時、グルーエンは何か奇縁のようなものを直観した。

デトロイトにはグルーエンと同じドイツ系の白人が多く居住していた。そこに南部から黒人が多数移住してきた。その安価な労働力によりGM、フォードはデトロイトを「自動車の首都」にまで押し上げて繁栄を極めた。1948年になると、白人専用居住区に黒人が住んでもよいことなり、これを嫌がる白人がシボレーに乗って郊外へと移り住んでいった。モータリゼーションのあと押しもあり、デトロイトはスプロール化していく。モータウンではR&Bが流れていた。

中心市街地の百貨店も顧客を追いかけるようにして郊外に出店していった。しかしながらアメリカ最大の百貨店であるハドソンだけは頑なに中心市街地を動こうとしなかった。なぜだろうか？グルーエンはハドソンについて調べることにした。ハドソンのオーナーは同族経営のJ・L・ハドソン・カンパニーである。そして、そこに君臨するのが会長のオスカー・ウェッバーという人物であることが分かった。聞くところによるとウェッバー氏は、郊外型ショッピングセンターを軽蔑していた。当時のディベロッパーたちがイニシャルコストを抑制するため軒並チープな造りのショッピングセンターを開発していたことが気に入らなかったのである。そんな安普請のショッピングセンターは名門ハドソンにはふさわしくないとウェッバー氏は考えていた。理由が何なのかを理解したグルーエンは、これは自分が追い求めてきた一世一代の大仕事になると確信した。残念なことに、この時には予約した飛行機に搭乗しなければならずデトロイトをあとにする。

ウェッバー氏は郊外出店の事業成立性を疑ってはいない。ただ、オーセンティックな店装を施さない建築を忌避したのである。グルーエンにとって、ウェッバー氏の気持ちは察して余りあるものであった。この時期グルーエンは、彼の理想とする新しいショッピングセンターモデルの受注ができずに苦しんでいた。グルーエンのプランは既存のショッピングセンター計画に比べて予算が高かったからである。しかしウェッバー氏ならきっと予算を付けてくれるに違いない。一体どうしたら自分のような一介のアーキテクチャーが「百貨店業界のプリンス」と謁見できるだろうか？

慎重に検討した結果、先ずはウェッバー氏の同族のジェームズ・B・ウェッバー・ジュニアに長文の手紙を書くことにした。いわゆる投げ込みである。グルーエンは、郊外ショッピングセンターへの出店に意欲的なジェームズがウェッバー氏に提案を通せずに苦心していたのではないかと想像したのである。その手紙でグルーエンはジェームズの気を引き寄せるべく斬新な郊外ショッピングセンター計画について細やかに説明をした。間もなくジェームズから「直接会って、詳しく説明を受けたい」と連絡が来た。グルーエンは嬉々として再びデトロイトに飛ぶ。グルーエンのプレゼンテーションは、得意のスライドを駆使し、歴史的故事の引用、医学的知見の援用、ユーモアあふれる隠喩を織りまぜた父親譲りの芝居がかったものであった。雲母のように輝く目、水銀のように速い頭脳を持った猛烈な話し手。ジェームズは〝役者〟グルーエンにすっかり魅了されてしまう。そしてウェッバー氏とのアポイントを約束する。

3度目のデトロイトで会長ウェッバー氏の説得に要した時間はわずかに60分であった。ディベロッパーの会社組織を説得するには、縦割りの役所に要するのと同じくらいに時間がかかることをグルーエンは身をもって知っていた。だから、個人のオーナーを説得することが、こんなにもスピーディーであることに驚いた。

グルーエンがデトロイトに緊急着陸した1948年は、ハリウッドが「映画業界のプリンス」エルンスト・ルビッチを失い、続いて赤狩りの災禍に遭った年である。また映画製作と興業の分離が法規制されて、MGMやパラマウントが凋落を始める年でもあった。赤狩りは1954年のマッカーシーの死まで激しく続いた。この1948から54年の6年間にグルーエンはといえば「百貨店業界のプリンス」オスカー・ウェッバーを得たことで人生の一大転機とした。まさに芝居から建築への大転身である。

ノースランド・センターの飛躍

グルーエンはデトロイトの中心部から放射線状に伸びた高速道路の先に4つのショッピングセンター立地を策定する。グルーエンにとって立地策定は、彼の理想とするショッピングセンター開発にとって最重要課題であった。その点では立地性・アクセシビリティを考慮せず1950年にシアトルの郊外に開業したジョン・グラム・ジュニア設計のノース・ゲート・モールとは一線を画す計画であった。ウェッバー氏はグルーエンの策定立地に満足した。まちなかからクルマを飛ばせば20分で着く。ウェッバー氏はショッピングセンターのスケールについてハドソンの店舗面積が9～13万㎡、駐車場の用地が40万㎡となるように命じた。規模もさることながら質的な要求も厳命された。ハドソンはもちろんのこと、テナントとなる専門店の店装、ショーウインドウとインテリアもニューヨークの5番街に比肩するものであることが要求された。そのためにはハドソンからテナントに助成金を出すことも厭わないというのである。計画の実現にあたりウェッバー氏が最初に指示したことは、開発のための専門家100名によるコンソシアムの組成であった。グルーエンはここで会計のラリー・スミス、交通計画のロイド・B・レイド、電気機械技術のH・E・ベイ、そしてグラフィックアーティストのアルヴィン・ルースティグらとの知己を得る。ラリー・スミスは、きわめて正確な数字で事業成立性を検証してみせた。後にグルーエンはラリーとショッピングセンター計画の教科書となる『ショッピング タウン USA』を共同執筆している。

毎朝9時ジャストからがウェッバー氏とチームとの定例会であった。定例会にはひとりとして遅刻は許されなかった。そして用地選定と取得までの期間中にグルーエンらは会議室に缶詰めにされ、徹底した秘密厳守を求められた。

私生活としては、1951年に二人目の妻エルシー・クルメックと離婚し、三人目の妻ラシェット・E・マコーミックと再婚。息子マイケルは11歳となった。クルメックとの離婚を機に、グルーエンはバウムフェルド・ヴァン・ルーヴェンと、エンジニアのエドガード・コンティニと共にオフィスを設立。これがのちのビクター・グルーエン・アソシエイツとなる。

まちではアーヴィン・バーリンのアカデミー賞ミュージカル映画音楽賞に輝いた「ショーほど素敵な商売はない」が流れていた。

1954年、ハドソンのショッピングセンターが開業する。その名はノースランド・センター。ノースランド・センターはグルーエンが手掛けた最初のオーセンティックなショッピングセンターである。用地の最中心に百貨店棟（地階から4階の5層）があり、これを囲むように5つの専門店棟（地階と1階の2層）がある。百貨店棟と専門店棟の中間地帯には緑道・中庭がある。そして5つの専門店棟の外側に広大な駐車場があり、その外側を公共道路が取り巻いている。空中写真で見ると、ちょうどナチスの紋章であるハーケンクロイツを反転したような形状である。

解説

ノースランド・センター計画の6つのポイント

①立地成立性と競合優位性

中心市街地から高速道路で20分の郊外立地を選定。郊外居住の裕福なマイカー族をターゲットとする。その上で施設規模により競合ＳＣを圧倒する計画。

②周辺地区の保全

ノースランド・センターを取り巻く公共道路の外周部、すなわち周辺地区には将来の増床計画のための用地を取得・保全する。これにより周辺地区が小判鮫商法のように進出してくる者たちの乱開発を予防する。周辺地区の地価は、ショッピングセンターへの支持率が高まることにより将来上昇を見込む。段階的に周辺地区に公共施設・病院・オフィスといったベイシック・アクティビティを増床することを計画する。

③徹底した車歩分離と客動線の演出

ノースランド・センターを取り巻く公共道路の内側に駐車場を40万㎡と大きく配置する。バス、タクシーなど公共交通のための専用レーンは、ショッピングセンターの一番近いところに屋根付きで配置。マグネットであるハドソンはエントランスから一番奥となる中央部に配置。これを5つの専門店棟で取り囲む。各専門店棟はすべて駐車場側には背を向けている。ノースランド・センターに入るには百貨店棟と専門店棟の中間地帯である緑道・中庭を通らなければならない。緑道・中庭に入って初めて目にする専門店棟のフェイスには、サンピエトロ広場のように統一感のあるコロネードが取り付けられている。人々は花壇、噴水、彫刻、モザイクで飾られた中庭の緑道を散歩し、美しいファサードの専門店棟でウインドウ・ショッピングを楽しむ。そして、気づくとお目当てのハドソンにたどり着く客動線とする。

④デザイン的抑制

看板の取り付け位置とサイズと文字級数を厳しくコード化し、剥き出しのネオンサインは堅く禁じる。また屋根線上にアンテナ1本の機械設備さえ飛び出て見えないように配置。専門店のショーウインドウ・ディスプレイとインテリアには、高い品質を要求。このようにデザインすることでアメリカにはかつてないヨーロッパ的雰囲気を醸し出すショッピングセンターとする。

⑤地域顧客のコミュニティ戦略

中庭には、いくつもの屋外イベント広場を配置。館内には１４００の座席を有する劇場とオーディトリアムを配置し、屋内イベント広場とする。ノースランド・センターの各広場は、市民楽団や様々なサークルの発表の場とする。屋内広場では夏季劇場を実施して、地域社会全体の文化度を高める。また多くの人々がノースランド・センターの中に自分たちの集うコミュニティを見出せるよう計画。例えば、地域の顧客による、中庭の花壇の手入れのためのガーデンクラブなどを組織する。ノースランド・センターの中央部には郵便ポストと公衆電話を備え付ける。（注9）

⑥テナント会

ショッピングセンター業界初となるテナント会を組成する。テナントは、ショッピングセンターの総合性と計画性を維持・発展するためのルールを自主的に遵守する。これによりテナント同士の無用な出し抜き合いや、ディベロッパーの計画に違反するテナントの無秩序な行為を抑制する。（注10）

ウェッバー氏はグルーエンのノースランド・センター計画にすこぶる満足した。ただ一つのことを除いては。それは中庭という施設共用部への工事費用のことである。コストがかかりすぎるというのだ。ウェッバー氏は専有部分への工事についてはまさに金に糸目をつけなかった。しかし、共用部の花壇、噴水、彫刻、モザイクについては不必要だと考えたのである。これにはテナントもウェッバー氏に加担した。開業後に上積みされるかもしれない共益費負担を恐れたからである。グルーエンはウェッバー氏とテナントを説得するのに相当の苦労を強いられたのだが、決して自分のプランを譲らなかった。ここが正念場である。緑道・中庭といった共用部こそがショッピングセンターの「魂の座」となるであろうことを確信していたからである。このグルーエンの決意と執念にはさすがの専制君主ウェッバー氏も根負けしてしまい、工事にグルーエンの要求した予算を充てることを認めた。グルーエンは、緑道・中庭の一本一本の樹木の選定にも参加した。そして彫刻のためには、アーティストのアトリエで協働するという熱の入れ様であった。こうして出来上がった緑道・中庭というアメニティ空間がもたらす成果は見事なものであった。当時のジャーナリズムは両手を挙げて賛同し、こう記している。

「本当のスクリューボールの噴水を見に行くには、デトロイト北のノースランド・ショッピング・

センターに行くのが良い。ここの噴水と彫刻はループ・ゴールドバーグによるものであり、ひっきりなしに来る訪問者を楽しませている。人々は小さな車輪やレバーやジェットや噴出や流れの相互作用に魅せられて、また動きと発明のファンタジーに魅せられて群がり、立ち止まるのである。」

また、次のような記事もある。

「ノースランドはそれが歩きながらのショッピングに物理的にも心理的にも適するように、まとまった形を持った都市的な『マーケット・タウン』として計画された最初の現代的歩行者商業センターである。」（1954アーキテクチュラル・フォーラム誌）

こうした記事は、『歴史にみる都市』の著者であるルイス・マンフォードや、ジェイン・ジェイコブズ、そしてウォルト・ディズニーらの目にするところとなった。

ノースランド・センターが開業して10年近く後、1962年4月27日のことである。ようやくモータリゼーションの始まった日本からノースランド・センター視察団がやってきた。その中に日本初のオーセンティック・ショッピングセンターである玉川高島屋S・Cを開発した倉橋良雄がいた。（注11）倉橋は、ショッピングセンターを最新鋭の都市文化とみなしていた。そして、その文化を一早く日本に移入する使命に燃えていたのである。ノースランド・センターのキーテナントであり、グルーエンの施主であるハドソンが最奥部に配置されているのに倉橋は驚いたかもしれない。倉橋は玉川髙島屋S・C計画のキーテナントにして施主である髙島屋百貨店を駅から一番離れた最奥部に配置した。その上で、駅から百貨店へと結ぶ共用部に緑道・噴水・アートオブジェを設置、これはノースランド・センターに倣った可能性がある。こうしたゾーニングの考え方だけではなくて、グルーエンの立案した地域顧客コミュニティ戦略やテナント会などのノウハウにも倉橋は大いに刺激されたのかもしれない。これらのノウハウは、玉川髙島屋S・Cのマネジメントにも取り入れられたからである。

後に倉橋は玉川髙島屋S・Cなどのディベロッパーである株式会社東神開発の実質トップとなる。

倉橋は、1980年1月1日に全社員に号令をかけた。

「これからの東神開発は、商業不動産業から地域コミュニティ育成業へと転身する！」

と高らかに。この号令のかかった翌月の2月14日にグルーエンは永眠した。

第6章

ミネアポリス

1954～1956

ロサンゼルス郊外のアナハイム／ディズニーはグルーエンの郊外ショッピングセンター計画を手本としてディズニーランドを造った。

愛憎ないまぜのディズニーランド

グルーエンのサクセスはデトロイトのノースランド・センターでは止まらない。次々と奇想天外なアイデアで大ヒット作を撮り続けたエルンスト・ルビッチ監督の映画のように、全く新しいショッピングセンターのタイプを発明し続けた。その1つが1956年に開業したミネアポリスのサウスデール・センターであった。サウスデールの話の前にウォルト・ディズニーについて話をしておく。グルーエンの2才年上のディズニーは、グルーエンが挫折した映画界での成功者である。ディズニーは映画のみではなくて、グルーエンのいる都市計画の世界にも参入する。アナハイムのディズニーランドである。ディズニーは比喩的な意味ではなくて、都市を映画として考えていた。彼にとってディズニーランドとは、スクリーンを立体化して見せたものである。『ディズニーランドという聖地』の著者である能登路雅子氏は、テーマパークのエッセンスを、「映画の持つ完全性と演劇の持つ臨場感の掛け合わせである」とした。こうした考え方は、何かにつけ演劇的手法をとったグルーエンとも重なる。ディズニーとグルーエンには共通点が多くある。ディズニーの考案したディズニーランドの交通計画は、グルーエンからみても完全なものであった。デイズニーは周辺部のホテルとランドを結ぶノスタルジックな鉄道と近未来的なモノレールを計画した。クルマで乗り付けた人々はランドを取り巻く外付けの駐車場（アウター・ロビー）で降車し、循環する小型バスに乗りかえフロントの切符売り場へと移動する。そこからは徒歩でタウンスクエアと呼ばれる内玄関のゲートをくぐり、園内に広がる劇場空間を散策するのである。そこにはアンティークなバスも循環していた。ディズニーの歩行者中心の交通システムは、どういうわけかロバート・モーゼスも絶賛している。こうしたアプローチは、デトロイトのノースランド・センターのやり方とよく似ていて、グルーエンは感伏した。しかしながら、グルーエンはディズニーランドに対してある種の違和感を抱いていた。それは、以下のディズニーランド評にあらわれている。

「デズニーランドはあらゆる活動中心部と同じように、驚くほど短期日の間に衛星地域（周辺地区）の発展を促した。しかしここには問題がある。衛星地域の発展が全くプランニングのなされないままに進み、郊外地域は大混乱に陥ったのである。何十というホテル、商店、事務所、レストラン、バー、銀行、ナイトクラブ、ガソリン・スタンド、スナック、ホットドッグ・スタンドそれに看板が交通渋滞や無秩序と荒廃をつくり出して、まさに混乱状態である。」

このグルーエンの指摘は、ディズニー自身も痛感していて耳の痛いことだったようである。（注12）

ノースランド・センターとディズニーランドの相違について以下の表にまとめる。

		ノースランド・センター	ディズニーランド
①	交通計画	車歩分離の徹底	車歩分離の徹底
②	動線計画	映画・演劇手法を取り入れた動線計画	映画・演劇手法を取り入れた動線計画
③	施設計画	コンパクトな構成と、ディティールにこだわった厳しいデザインコード	コンパクトな構成と、ディティールにこだわった厳しいデザインコード
④	中心市街地との連携	無い	無い
⑤	入場システム	無料	有料
⑥	収入	テナントからの賃料	入場料と直営店売上
⑦	ガバナンス	ディベロッパーとテナント会による意思決定	ウォルト・ディズニーが意思決定
⑧	周辺地区計画	周辺地区との一体的開発計画	周辺地区との隔絶

そもそもディズニーランドは周辺地区を見せないように計画している。それはディズニーの内なる夢の世界が外部からもたらされる現実によって邪魔をされないための計画である。グルーエンは、次のように批評している。

「都市の心臓部の諸問題を取扱う場合、絶対に欠かせないことは、そこと周辺部の都市化された地域及び広域都市地域との間に作用する相互依存を認識することである。混沌とした地域に健全な心臓だけがあってもそれは死去した心臓部をもった広域都市地域のようなものであり、全く役に立たない」

後にディズニーはＥＰＣＯＴ（Experimental Prototype Community of Tomorrow）という実験未来都市を計画した。これはアナハイムの反省に基づき、周辺地区それ自体の無いゲーテッドシティの計画だった。都市コアには唯一の玄関口である空港がある。ＥＰＣＯＴに行くには高速ジェットに乗って着陸、ディズニーの空港のイミグレーションオフィスを通過しなければならない。１９３９年の映画『バック・ロジャース』には唯一の大型輸送機関として「スペイシア」という高速ジェットが登場するのだが、もしかしたらディズニーもグルーエン同様『バック・ロジャース』に影響を受けたのであろうか。ＥＰＣＯＴのことをいったのかわからないがグルーエンは輸送方法として適切でないものとして、有軌道輸送機関のほうがもっと有効に役立ち得るような交通区域で使用される航空機を挙げている。

世界初のショッピングモール

さてディズニーがランドの開園に向けて最後の詰めをしていた頃、グルーエンはノースランド・センターに続くショッピングセンター開発を進めていた。デトロイトの西に位置するミネソタ州ミネアポリス、その郊外にあるエディナでのサウスデール・センターである。

このセンターの開発にもハドソン会長のオスカー・ウェッバー氏が大いに関係している。というのは、ウェッバー氏がサウスデールの創業者であるデイトン1世の6人の遺児の父親代わりであったからである。ウェッバー氏はサウスデールもノースランド・センターのような郊外ショッピングセンターを開発することを勧めた。そしてグルーエンをデイトンブラザーズに紹介したのである。グルーエンが親しく協働したのはその1人のブルース・デイトンであった。現代アート好きなブルースはグルーエンと気が合った。

用地選定のためミネアポリス郊外の視察が行われると、グルーエンはこの地方の気象の厳しさに閉口する。夏は酷暑、冬は厳寒であり、デトロイトのようなオープンモールは到底成立しない。グルーエンはヴァルター・ベンヤミンの愛したパリのパサージュや、ミラノのビットリオ・エマヌエル・ガレリアが持つ共同の屋根を引き合いに出してブルースに説明した。これはルイス・マンフォード的な歴史的建造物に学ぶアプローチである。その上で完全に覆われていて空調を人工的にコントロールした全天候型のエンクローズドモールについて説明した。こちらは郊外ニュータウンに自分のロゴスを打ち出したル・コルビュジェ的なアプローチであった。ヨーロッパの古都にみる歴史的建築物に学ぶ古典的手法の一方で、過去・現在を見回してもどこにも見当たらない斬新なプランをSF的思考で打ち上げてしまえるのがグルーエンのすごいところである。ブルースはグルーエンの計画に両手を打って賛同した。一方デイトンの共同出資者たちは「閉じられた人工気象のセンター」のためにかかるだろう費用と、グルーエンが予測した売上について疑ってかかった。しかしいざ開業してみると、建築費はデトロイトのノースランド・センターよりも安く、売上は予測以上のものであった。

サウスデール・センターは2つの百貨店をアンカーとする2核1モールである。そして人工気象を安価で成立させるためのセントラルヒートポンプシステムを導入したエンクローズドモールである。これこそが、ららぽーと、イオンモールの原型であり「すべてのモールの母」とされた。

バーチカルには地階０・５層・地上２層の２・５層である。地階には、シューシャインコーナーなどのサービスショップや修理店、飲食店、子どもの遊び場、そしてオペレーションセンターがあった。エスカレーターの活躍により１階と２階の売上格差は無かった。テナントである専門店の内廊下からは門扉をすべて外した。これにより比較購買というワンストップ・ウインドウショッピングスタイルが始まる。ノースランド・センター同様に共用部分は広く、そして演劇的手法によって演出がなされた。サウスデールの大型屋内広場である「ガーデン・コート」には、ブルースの好んだ現代アートのハリー・バートヤ作「黄金の木」がシンボルオブジェとして鎮座した。「ガーデン・コート」では、日曜日の閉店後の時間を狙って第１回となるミネアポリス交響楽団の舞踏会が催された。このイベントに参加した客は２５００人を数えた。イベントを成功させたのは、副社長のウィリアム・クリーア・ジュニアの尽力による。観客が「自分たちの」ショッピングセンターを営業時間外にも利用したいという希望に応えた試みであった。その他にもクラシックカーの展示会など、多種多様のイベントが催された。サウスデール・センターはノースランド・センターと同様にあらかじめ周辺地を買収し将来の展開に備えた。残念ながら実現することは無かったが、周辺地には集合住宅、オフィス、病院、クリニックの開発を予定した。

サウスデール・センターは全米の郊外型ショッピングセンターのディベロッパーを驚愕させた。

これによりショッピングセンター業界でのグルーエンの名声は不動のものとなった。ここでもグルーエンは芝居の道を捨てた代償をその手に入れたのである。

サウスデール・センターの計画と並行して、グルーエンはもう一つの全く異なる大事業に着手していた。郊外型ショッピングセンターは周辺地区と互恵的関係を結ぶことは可能であったが、中心市街地とそれをすることは果たせていなかった。距離の問題があるからである。グルーエンは考えた。中心市街地のためにできることは何なのか？郊外立地のショッピングセンターでグルーエンが立てた計画は、ウォーカブルタウンのための環境づくり、文化的催しができる広場の整備、何よりその大前提となる車歩分離であった。これらの計画を中心市街地でやってみてはどうだろうか？中心市街地エリアを巨大なショッピングセンターと見立てることで大がかりな外科的処置を施すのである。グルーエンはそれをデトロイトでもミネアポリスでもない、テキサス州フォートワース市において実験するのである。

50年代アメリカの100万ドル

1950年代のアメリカ人の所得と物価についてわかる映画がある。1956年公開のナナリー・ジョンソン監督『灰色の服を着た男』〈20世紀フォックス　ホーム　エンターテイメント　ジャパン株式会社〉だ。主演は中間管理職のトム・ラースを演じるグレゴリー・ペックである。トムの上司ホプキンズ（フレデリック・マーチ）が娘を諭すシーンにそれとわかる台詞がある。「（100万ドルの価値は）病院ひとつも建たん。6人の平均的男性が一生かかって稼ぐ額。100人の大学生の学費。75人のマイホーム購入価格。戦闘機1機の価格。」

ホプキンズによると、トムの年俸は1万ドルだから、平均と比べて2倍近くを受け取っていることになる。マイホームは13000ドルであり、トムだったら1年ちょっとで買えてしまう。一方、学費は住宅に比べて割高感がある。高学歴であることはステータスだったことが想像できる。住宅の割安感については、連邦政府の住宅政策をフルに使って、ロバート・モーゼスがニューヨークの市街地再開発で高度化した中流向け住宅を大量供給したのと符合が一致する。同時期にグルーエンもボストンで中流者向けマンションの開発を手掛けていた。

1950年代アメリカを扱った本にデイヴィッド・ハルバースタムの『THE FIFTIES　19

50年代アメリカの光と影』がある。その第8章はゼネラル・モーターズの勃興というタイトルだ。1950年頃のキャデラックが5000ドルとある。42章はゼネラル・モーターズの没落というタイトルだ。当時のゼネラル・モーターズはデトロイトに君臨するクルマ社会の支配者。彼らはクルマを買うことがアメリカ人の義務だと本気で考えていた。アメリカ人なら乗車せよ、としたモーゼスの考え方と共通する。

第７章

フォートワース

1954～1958

フォートワースの中心市街地／スプロール化するアメリカの大都市を救うため、グルーエンはこの地の都市コアからマイカーを締め出しウォーカブルアイランドに生まれ変わらせようとする。

反撃する都市

1954年にノースランド・センターを成功させたグルーエンは、新たに2つの異なるタイプの仕事を依頼される。1つは世界初となる全天候型エンクローズドモールの郊外開発計画。もう1つは、衰退した旧市街地のための都市復興計画である。グルーエンは、郊外のミニダウンタウンと都心のオールドタウンの両者を同時に計画することとなったのである。きっかけはノースランド・センター開業の少し後にグルーエンが「ハーバード・ビジネス・レビュー」に発表した小論文が、テキサス州フォートワース市の大手企業テキサス・ジェネラル・エレクトリック社の社長J・B・トーマスの目にとまったことである。グルーエンの論文の論旨は、「地方のショッピング・センターの計画の中で得た経験は、現存する下町のコアの復興にも利用され得る」というものであった。トーマスはこれに大いに関心を寄せたのである。というのもフォートワースの中心地の衰退は市の財政を圧迫しており、それがテキサス・ジェネラル・エレクトリック社にとっても不利益となっていたからである。トーマスは私費を投じてグルーエンにフォートワース復興計画を依頼した。こうして中心市街地それ自体をノースランド・センターのようにしてしまおうという前代未聞の計画が始まったのである。

１９５０年代アメリカの都市はどこまでも続くフリーウェイと大気汚染の時代であった。また都市のダウンタウンの歴史的建造物の40％が取りこわされた時代でもある。フォートワースにもアメリカン・ボザール様式などの歴史的建造物があったが、市内を貫通するフリーウェイの計画が持ち上がり、取りこわしの危機に直面していた。

フォートワースが、テキサス州の商圏において絶対的支持を得るにはどうすればよいのか？グルーエンは１９７０年の人口予測から、開発すべき都市コアと周辺地区の面積を割り出した。その計算に基づく計画骨子が以下の６つである。

①	市内を貫通予定のフリーウェイを外周部に変更
②	中心市街地　コアからマイカーの締め出し
③	6万台の駐車場と、バスターミナルと、鉄道駅舎をコア周辺部に環状に配置
④	周辺地区とコアは動く歩道や低速モビリティでネットワーク
⑤	コアを窒息させていた格子状の車道を無くし、ウォーカブルアイランドとする
⑥	コアの建物は可能な限り高度化し、ミクストユースにより多機能化する

鉄道2線とトリニティ川にはさまれたウォーカブルアイランドとなる都市コアの面積は48ha。これはデトロイトのノースランド・センターと同じくらい。日本でいうと東京ディズニーシーと同じくらい。都市の中心から周辺地域に置かれた1万台収容の巨大立体駐車場までの距離は徒歩で4分とあるから、1分を100mで換算すると半径で400m。おおむね48haと一致する。周辺地区を含む全体計画地は150ha。東京のウォーカブルアイランドである皇居が115haであるからそのスケール感はつかめるだろう。巨大立体駐車場は周辺地区に6か所で計画されたので全部で6万台となる。これが1日4回転することで24万台分の収容が可能。これにより格子状の車道と駐車場及びガソリンスタンドを都市コアから排除することが可能となる。24万台のクルマ以外の輸送のためには、6か所の巨大立体駐車場間のいくつかに高速バスターミナルと鉄道駅舎を設置する必要がある。来街者の半分がこれらの公共輸送機関を利用する。この形はパリとよく似ている。城壁都市パリにある6つの鉄道終着駅は都市コアの周辺にあるからだ。フォートワースを行き来する業務用トラックは地下の専用道路を走らせる。この専用道路はコアのあらゆる建物の地階と接続している。こうすることでフォートワースのウォーカブルアイランドを目指す交流人口の移動は渋滞のストレスから解放される。歩行者専用道は幅員規定や直線化のルールにしばられることもない。駐車場の附置義務もない。そしてウォーカブルアイランド内の建物は可能な限り高度化する。公園と広場も歴史的建造物の周辺に可能な限り配置。開発期間は15年。州・市と民間事業者が支払うコストは1億ドル。財源としては駐車場の利用料金と、計画によって増収するだろう不動産税の上わぶれ分を見込む。これはＴＩＦ（Tax Increment Financing Bond）に通ずる考え方であった。

この頃グルーエンはルイス・マンフォードと親交を持つ。2人は共に、広くかつ深く物事に対するジェネラリストであった。

フォートワースを計画するにあたってもグルーエンはマンフォードのように歴史に学ぶことにした。そしてたどり着いたものは、故郷ウィーンの「グラシス」であった。18世紀のウィーンは最中心の「市内区」を城壁で囲み、その外側に「グラシス」という斜堤の空地を設け、さらにその外側に「市街区」が続き、それらを「リニエンバル」という外柵で囲むというオスマン・トルコからの侵略を何重にもはね返す防衛都市であった。グルーエンはトルコ軍のように撃ち寄せるマイカー群からフォートワースの歩行者を守るべく「グラシス」をつくろうと考えたのである。

マンフォードは、自動車用の道路と駐車場が都市を侵略する「反都市」なのだと論じた。グルーエンは強く賛同した。

「多車線高速道路と駐車場は、都市という生体を殆ど完全に食いつぶしている！」

マンフォードはグルーエンと並んで「自動車業界の敵」と名指しされる人物であった。

そんな2人を意にも介さないように1956年6月、アイゼンハワー大統領は、全長65000kmの巨大な高速道路の整備を計画した。「連邦補助高速道路法」の制定である。マイカーの普及を背景にしていた。

この少し前のこと。1956年4月、グルーエンとマンフォードの2人は、ハーバード大学アーバンデザイン総会にジェイン・ジェイコブズの講演を聴きにいった。ジェイコブズの立ち姿はまさに役者顔負けのオーバーアクション、遠目にも目立つ目鼻立ち、そこにきて際立ったフェイシング、さらには衣装・小道具による演出！グルーエンらはすっかり、「反都市」と戦う彼女の名演に感銘を受けたのであった。こうしてグルーエン、マンフォード、ジェイコブズの3人は複雑な人間模様を描いていくことになる。

ジェイコブズの絶賛

アメリカの都市はロバート・モーゼスによって、どこまでも延伸していくフリーウェイと単一用途センターの重複・拡散により税と土地を浪費しているとジェイコブズは考えていた。モーゼスに批判的なグルーエンのことを知ったジェイコブズは、フォートワース計画の支持に回った。1958年に出版したジェイコブズの共著本『爆発するメトロポリス』（原題はTHE EXPLODING METROPOLIS〝メトロポリスを論破する〟とも訳せる）のことで、以下はその抜粋である。

「ビクター・グルーエン事務所のフォートワース計画は代表的な例である。これは主に計画の外周部に膨大な駐車場を配置してダウンタウンを歩行者専用の島にしようとするものとして公表されている。しかし、計画の主目的は多様性と細部で街路に生命を吹き込もうとするものである。」

「自動車を排除することは街路をよく働かせ、そしてダウンタウンの活動を凝縮し集中する大きな可能性を秘めているということだけで非常に重要である。この目的のためグルーエンの計画には街路の取扱い、歩道のアーケード・ポスター用の柱、旗、ベンディング・キオスク、掲示板、屋外カフェ、バンドスタンド、花鉢、そして特別な照明効果を含んでいる。道路コンサート、ダンス、展示もやりやすくなっている。全体の要点は、以前よりも街路をもっと驚きのあるものにし、もっと凝縮し、もっと変化のあるものにし、忙しくすることである。そして少なくすることではない。」

「市民が欲する種類の都市をつくり、そして他の人も欲するような都市をつくる機会はめったになかった――フォートワースの市民は現在それをやっている。」

ジェイコブズの『爆発するメトロポリス』は、全篇フォートワース計画礼賛のオンパレードである。そのことがよほどグルーエンにはうれしく、ジェイコブズには格別の好意を寄せている。

しかしながらフォートワースの計画は、市・州当局の無見識とサボタージュによって中途半端な結果に終わる。

「都市機能が支持されなくなるのはその担い手の『ある種の無気力』が原因である」とグルーエンは嘆いた。

フォートワース計画の6つの骨子の内でちゃんと履行できた計画は、前述した「市内を貫通予定のフリーウェイを外周部に変更」くらいであった。理由は民間企業主導であったことが当局《オカミ》の気に召すところではなかったからである。ここが官民連携事業の難しいところである。こうした根回しは、ロバート・モーゼスだったら造作もないことであったろう。民間が取得した用地ならばその範囲内で計画は自由に履行できる。しかし広大な公有地を含めたシティ全体に大規模な外科的手術をとるには、当局の意向がより重みを持ってくる。都市再開発特例法と現行法の軋轢を乗り越えて法解釈するには、官民の協調が必要であった。

フォートワース計画が中途半端なものとなった理由はもう一つ、巨大な立体駐車場の事業者が見つからなかったこともある。この頃には、まだ連邦政府の補助金はなかった。仕方なくグルーエンは金策に走った。これに賛同し出資をしてくれたのがほかならぬウォルト・ディズニーであった。なぜかグルーエンはハリウッドの映画人たちからの援助を受ける縁にある。しかしながら広大な用地となる都市コアをショッピングセンターのようにするというグルーエンの計画に充当するまでの資金には至らなかった。

この頃ジェイコブズは、彼女の最大の宿敵であるロバート・モーゼスと「クルマVS人間」の最前線で激しい地上戦を戦っていた。戦地はジェイコブズが暮らすグリニッチ・ビレッジのワシントン・スクエア・パークである。グリニッチ・ビレッジには、グルーエンのニューヨークでの仮住まいもあった。モーゼスは、ワシントン・スクエア・パークを幹線道路で真っぷたつに割るという計画を強引に進めていた。パークを5番街と新たな幹線道でつなぐことで、このエリアの地上げをしようというのだ。ジェイコブズは何千人もの市民（特に主婦層）を巻き込んで反対運動の旗頭となった。故ルーズベルト大統領夫人のエレノアもこの運動に参加した。モーゼスは以前にもエレノアに自分のプランが邪魔されたのを根に持ち、彼女のことを「あの毒の蛇の舌を持つ女」と罵った。ジェイコブズは怯まない。今度は、『ニューヨーカー』誌のルイス・マンフォードをワシントン・スクエア・パーク車両走行禁止緊急合同委員会の広報担当に招き入れてジャーナリズムを味方にした。こうしてジェイコブズの包囲網は、市民・政治家・ジャーナリストの三方から容赦なくモーゼスを追い詰めていった。結果、１９５８年11月１日、反対運動はモーゼスに対し勝利宣言！ワシントン・スクエア・パークの敗北は、〝マスター・ビルダー〟モーゼスにとって最初のつまずきとなった。頭に来たモーゼスは、次の標的として、より広域のローワー・マンハッタンに照準を合わせる。

１９５８年にディズニーは8分間のアニメーション映画『魔法の高速道路ＵＳＡ』を公開した。これはディズニーランドのコマーシャルフィルムであったが、モーゼスの主導するハイウェイ計画にとっては好ましい応援となった。

そんな１９６０年、グルーエンは、モーゼスのローワー・マンハッタン計画と戦うジェイコブズ側に立った計画を発表した。それはマンハッタン島の中心部（バッテリー通りから59番街）からクルマをしめ出す計画のことである。グルーエンのこの計画は大局的な戦いが不得手なジェイコブズたちにとってはありがたい援護射撃となり、モーゼスとしてみればあたかも陸と空から攻撃されるような格好であった。

グルーエンのプランは以下の4点である。

①	マンハッタン島の周辺部を囲む外環道路を自動車専用区間とする。
②	周辺部に自家用車の中心部への侵入を食い止めるためのいくつもの大型駐車場をプレハブで建築する。
③	5番街の42から59番通りとグリニッチ・ビレッジはすべて歩行者専用区間とする。
④	歩行者専用区間と自動車専用区間の中間は、市内横断バスとタクシーとライトモビリティの専用区間とする。

このプランはフォートワース計画を援用したものである。プランは実現しなかったが、『ニューヨーク・タイムス』（1960年1月10日号）に掲載されることになり、ビレッジの商店主、主婦、タクシー運転手ら市民はこれに熱狂した。ビレッジでは、ウクライナ・リトアニア系ユダヤ人の

ボブ・ディランがアコースティックギターを奏でていた。

のちにニューヨーク市長リンゼイが、モーゼスのローワー・マンハッタン計画に反対する対案「マンハッタン島の南端を環状に走る道路」を立てるが、グルーエンの計画はその参考となっていたかもしれない。モーゼスからは「ユートピア的で実現不可能だ」と断じられた。

以下グルーエンとモーゼスの相違について表にまとめる。

	グルーエン	モーゼス
幹線道路	フリーウェイなどの大規模車道は都市間交通としてのみ役立つ。都市コアを貫通することには反対	都市を縦横断する何線ものフリーウェイで都市コアを貫通することで渋滞を解消する
古い建物	都市コアの歴史的建造物と広場の保全	高度化のための用地にある古い建物は破壊しても仕方ない
車歩分離の考え方	都市コアからの徹底したクルマの排除	都市は自動車によって自動車のためにつくられる

コスト感覚	厳しいコスト管理に基づく集中的投資	工期を急がせることや、意匠・建材の質にこだわるため莫大な予算を投下
視点	鳥の目と虫の目を持つ	鳥の目のみ持つ
ゾーニングの考え方	都市コアを業務・商業・居住の機能別にゾーニングする	都市コアを業務・商業・居住の機能別にゾーニングする
基本となる都市と交通の考え方	中心都市の郊外にミニダウンタウンを開発し、公共交通機関で結ぶことで互恵的関係を築く。中心都市と郊外ミニダウンタウンの外周部に大型駐車場を配置。マイカーは中心市街地の都市コアとミニダウンタウンのセンターからは排除。	中心都市の自動車道と駐車場にあたるスペースを拡充。マイカー中心の都市となることから公共交通機関は過去の遺物となる。住宅は都市中心地で開発する。高度化により住宅は充分に供給できることから都市の郊外化を否定。
影響を受けた建築家	ル・コルビュジェ	ル・コルビュジェ
出自	裕福なドイツ系ユダヤ人	裕福なドイツ系ユダヤ人
パーソナリティ	ドライブ好き。演劇好き。	自ら運転はしない。演劇好き。

これを見ると、グルーエンとモーゼスにはくつかの共通点もあることが判る。また、実はグルーエンがドライブ好きで、モーゼスが運転をしなかったことは意外なことである。

豹変するジェイコブズ

1961年ジェイコブズは『アメリカ大都市の死と生』(原題はTHE DEATH AND LIFE OF GREAT AMERICAN CITIES)を発表。不思議なことに、この本の中では、フォートワース計画の評価が批判に転じている。ジェイコブズのフォートワース計画批判について、少し長くなるが以下に全文を引用しよう。

「かれがはじき出した数値は法外なもので、駐車場抜きで百五十ヘクタール。これに対し、開発の進んでいないダウンタウンの路面は四十六ヘクタール。

でもグリュエンが百五十ヘクタールをはじき出した時点で、すでにこの数値は時代遅れになっていたし、小さすぎました。これだけの路面を確保するには、ダウンタウンを物理的に途方もなく拡大しなければなりません。そうなると、前提となる経済的利用は比較的まばらに広がることになります。都市内のちがう要素を利用するには、徒歩ではまず無理で、ますます自動車に依存しなければならなかったはずです。すると街路スペースの需要がさらに増えるか、もしくは渋滞でひどいことになったでしょう。各種の用途が、このような比較的緩い形で広く散在させられると、互いに離れすぎているので自分たちとしても駐車スペースをつくらざるを得ません。違う時間帯に人々を連れて来る用途であっても、あまり密集していないので、同じ収容施設を違う時間帯で利用できるほどコンパクトにはなれないでしょうから。これはつまり、ダウンタウンがまばらに広がって自動車利用をさらに必要とするということですし、地区内での自動車による絶対移動距離はさらに増えます。プロセスのごく早い段階で、公共交通機関は利用者、運営者のどちらから見ても、まるで非効率になります。つまり、そこにあるのはまとまりのあるダウンタウンではなく、関係者と経済にとって理論的に可能なはずの大都市施設や多様性、選択を生み出すことができない、巨大でまばらなしみの集まりでしかないのです。」

先に引用した『爆発するメトロポリス』の抜粋と比べて読んでみると、全く逆転した論調であることがわかる。グルーエンの6万台収容の駐車場計画はどこに?周辺とコアを結ぶ低速モビリティの話もどこへ行ってしまったのだろうか?しかも、グルーエンプランは「動く歩道」にまで言及して、交通弱者を慮ってさえいる。にも関わらずである。

これには、グルーエンも当惑した。『爆発するメトロポリス』（1958年）と『アメリカ大都市の死と生』（1961年）との間でどういう心境の変化があったのだろうか？

1つ考え得るのは、ハーバード・ガンズという男の存在である。

ガンズは、ビクター・グルーエン・アソシエイツが請け負ったボストン市郊外ウエストエンド計画を調査し、批評した男だ。彼は言う。

「ウエストエンドの再開発は、スラム問題の解決にはならず、低家賃住宅地区を中産階級向け住宅地区に変えることによって、労働者階級の住宅問題を悪化させる。」

世は批評の時代であった。

ウエストエンド計画とは、連邦政府が認定したスラム地区（クリアランスの対象とされる）からイタリア系低所得者を立ち退かせ、中流階級向けの高層アパートに置き換えるという計画で、どこかモーゼスのやり方と似ている。少なくとも、これを知ったジェイコブズの目にはグルーエンが「都市の偽りの友」の一派に映ったのではなかろうか？しかし、1958年にグルーエンをほめあげた本を出版した時点では、ジェイコブズ、そして共同執筆者のW・H・ホワイトもボストンでのグルーエンプランを知らなかったのだろう。ホワイトはガンズの先輩筋に当たる学者だ。

後にグルーエンはガンズの批評に応えるかのようにこう話している。

「脱出と荒廃という問題は、都市計画だけによって処理されるべきものではなく、国民全体の努力と国の立法処置によってのみ処理され得るということを認識する必要がある。

ゲットーと呼ばれる特殊居住地区の形成による社会の区分化という破滅的現象は、それを形成する社会的要因を取り除かない限り、決して効果的に除去でき得ない。われわれが国家をあげて人種的、民族的差別待遇といわゆる『富める社会』での少数民族の赤貧さという執拗な慢性的不合理性を、より速やかにより完全に除去すればそれに平行してわれわれは健全な文明国家の悩みの種である、脱出と荒廃の現象を停止させることに成功するであろう。」

ジェイコブズは、『爆発するメトロポリス』を刊行した翌1959年にウエストエンドを視察した。それはハーバード・ガンズが1958年3月にウエストエンドの参与観察を終えて、その分析をまとめ上げる著書『The Urban Villagers（都市の村人たち）』の執筆に入ったことを知ったからであろう。彼女は、自分の目と足とでそれを確かめに行った。そして、そこで、それを目撃してグルーエンに幻滅！ホワイトと共にグルーエンのフォートワース計画を持ち上げすぎたことを後悔したのだろう。それゆえ『アメリカ大都市の死と生』では、グルーエンへの評価を逆転させたのではなかろうか。

「ダウンタウンは大がかりな予算を投入しなくてもよりよくすることができる！」

ジェイコブズは、主婦感覚で『アメリカ大都市の死と生』を書き上げた。彼女は莫大なコストをかける大がかりな都市への外科手術自体を生理的に受けつけない。

以下グルーエンとジェイコブズの相違について表にまとめた。

		グルーエン	ジェイコブズ
①	幹線道路	フリーウェイなどの大規模車道が都市コアを貫通することに反対	フリーウェイなどの大規模車道が都市コアを貫通することに反対
②	古い建物	都市コアの歴史的建造物と広場の保全	都市コアの歴史的建造物と広場の保全
③	車歩分離の考え方	徹底したクルマの排除	クルマとのある程度までの共存は許容

④	コスト感覚	厳しいコスト管理に基づく集中的投資	コストをなるべくかけずに既存のインフラを再利用する
⑤	視点	鳥の目と虫の目を持つ	虫の目のみ持つ
⑥	ゾーニングの考え方	都市コアを業務・商業・居住の機能別にゾーニングする	都市の多様性・混在性を奪う都市コアのゾーニング計画に反対

ジェイコブズのワシントン・スクエア・パーク戦で広報を担当した協力者であるルイス・マンフォードも『アメリカ大都市の死と生』の中では彼女にケチョンケチョンにけなされた。マンフォードは、フォートワース計画を人体への手術に例えて、グルーエンこそは腕のよい外科医であると弁護した。こうした応酬を外に、グルーエンはといえば口をつぐんで静かにしていた。

時を置いて1964年にグルーエンは著書『都市の生と死』（原題はTHE HEART OF OUR CITIES　直訳すると〝私たちの都市の心臓部〟）の中で『アメリカ大都市の死と生』のことを念頭にジェイコブズを軽くいなしている。

「ジェーン・ジェイコブズの『アメリカ大都市の死と生』は都市の環境のある部分について非常に優れた批判的評価を下している。ジェイコブズ婦人の研究はある種の古い都市に見られる特殊な雰囲気をもった住居地区、たとえばニューヨークのグリニッチ・ビレッジそれにボストンやフィラデルフィア、シカゴのある地区についてである。決してすべてではないが、婦人の批判的評価の結果のあるものはその他の都市にも当てはまるし、その他彼女の調査結果や勧告も同様である」

グルーエンが「決してすべてではない」としたのは、ジェイコブズの街路保全という教条が、新興都市やニュータウンでは適していないことを指摘したかったからである。

さらにグルーエンは1973年に出版した『都市のセンター計画』（原題はCENTERS FOR THE URBAN ENVIROMENT　直訳すると〝都市環境のためのセンター〟）の中でもしつこくこう繰返している。

「（フォートワースの）計画が追求した主要な効果を説明するのは、『爆発するメトロポリス』という本からの引用によるのが一番良いだろう。この本は、都市における人間的価値にとっての偉大な改革運動者であるジェイン・ジェイコブズによって書かれた。」

グルーエンは、先にあげた『爆発するメトロポリス』のジェイコブズ自身の言葉を引用することで『アメリカ大都市の死と生』におけるフォートワース批判への反証に使おうとしたが、やや苦しい感じが残る。グルーエンは、ボストン市ウエストエンド再開発計画について直接弁解することが無かった。グルーエンにとってフォートワース市計画の頓挫と、ウエストエンドはトラウマであった。

以下、グルーエンとジェイコブズの応酬について時系列にまとめる。

1958年（1957年～）	ジェイコブズ	『爆発するメトロポリス』第6章「ダウンタウンは人々のものである」	フォートワース計画を絶賛
1958年3月	ガンズ	『都市の村人たち』の執筆開始	
1959年	ジェイコブズ		ウエストエンドを視察
1960年	グルーエン	『ニューヨークタイムズ』への寄稿	マンハッタンからクルマを締め出す計画
1961年	ジェイコブズ	『アメリカ大都市の死と生』第18章「都市の浸食か自動車の削減か」	フォートワース計画を批判

1962年	ガンズ	『都市の村人たち』発表	ウエストエンド計画を批判
1964年	グルーエン	『都市の生と死』	ジェイコブズの街路保全の考えはそれに適さない都市もあり得ると批評
1973年	グルーエン	『都市のセンター計画』第6章「都市コア」	フォートワース計画の成果を『爆発するメトロポリス』のジェイコブズの支持を引合いに出して説明

こんなエピソードがある。

ジェイコブズは上梓したばかりの『アメリカ大都市の死と生』をドイツ系ユダヤ人のベネット・サーフを介してモーゼスに進呈した。モーゼスは忌々しかったが、つぶさにこれを読んだ。そして激怒してこの本をサーフに突っかえす。

「親愛なるベネット
　貴兄よりご送付いただいた書籍をご返送いたします。途方もない暴論で、ずさんなばかりでなく、中傷的でもあります…このがらくたは、誰かほかに売り払ってください」と怒りの手紙を添えて。（アンソニー・フリント著『ジェイコブズ対モーゼス』渡邉泰彦訳　鹿島出版会より）

『アメリカ大都市の死と生』は、モーゼス流の都市計画を真っ向からぶった切ることに多くの紙面が使われている。比べてフォートワース計画については部分的であり、むしろ別の頁ではこの計画を擁護したりもしている。例えばこんな風にだ。

「フォートワース市のグルーエン・プランは顕著な例外である。皮肉にも、この計画の必要なところは、この計画をまねるべきである多くの都市でやり損なっている。

グルーエンとその仲間の関係図

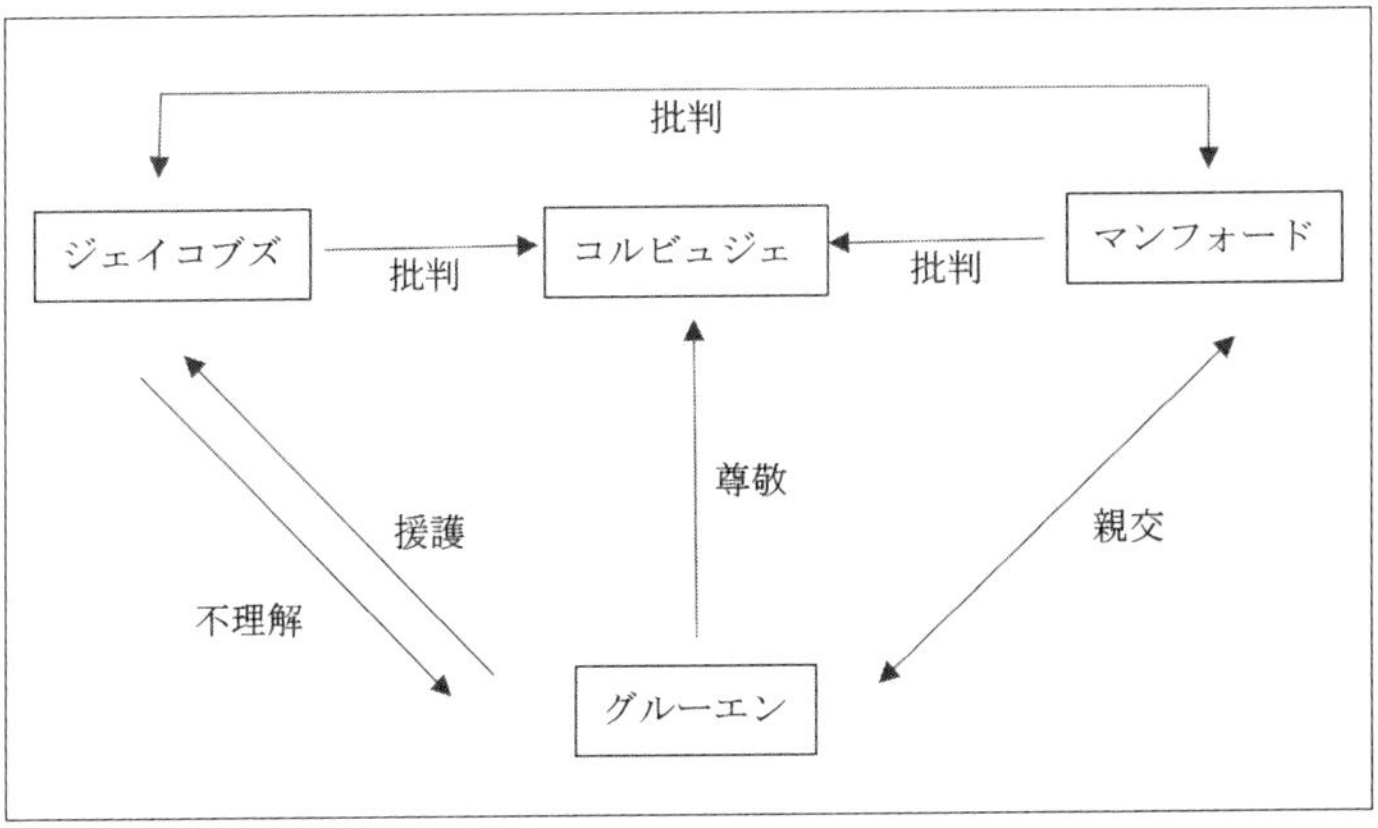

（中略）これらの計画は都市生活の一部を、活動の如何を問わず、ダウンタウンの喧騒から抽象的に取り出したものである。そして自己満足的な島として、ひそかに隔離してしまうものである。」

グルーエンの考えたショッピングセンター計画を都市コアにも当てはめるというアイデアは、何百という他の都市計画で参考とされたのであるが、それらの計画は中途半端なもの、すなわち「自己満足的な島」に過ぎないとジェイコブズはいっているのだ。

グルーエン自身もフォートワース計画が全米の何百という都市で「下手な真似」をされたことに苦言を呈している。都市コアのある一部分だけをペデストリアンデッキにしたり、一時的なホコ天だけでお茶をにごすような施策を「グルーエン化」などと呼ばれたくはなかったのである。以下は、グルーエンの言葉だ。

「私自身もその活動のいろいろな段階においてそのようなレッテルを貼られて当惑した経験を持っている。まず私は『ショッピングセンターの父』と呼ばれ、次には『ショッピングモールの父』となり、都心の復興の計画はジャーナリズムによって都市センターの『グルーエン化』などと称された。私がこのような特定のレッテルに対して常に頑強に抵抗してきたのは、建築や計画のどのような特定の領域の専門家にもなりたくはないからである。」

ジェイコブズは、専門家たちの大局観なるものを理解したくなかった。都市計画の専門医と自覚するモーゼスたちから一介の主婦ふぜいが都市の処方箋について語るのはおこがましいといわれ続けたことが悔しかったのである。しかしグルーエンは、優れた虫の目を持つジェイコブズを援護し続けた。本来は辛口論者で知られるグルーエンが、激怒したモーゼスの手紙文のように彼女を非難しなかったのにはそうした理由があったからである。

ジェイコブズは『アメリカ大都市の死と生』の謝辞として特に感謝したいとする47人の名前を連ね、その16番目にグルーエンを入れている。モーゼスやコルビュジェの名前はもちろん入っていない。

第8章

ロチェスター

1956～1962

ロチェスターの中心市街地／スプロール化するアメリカ東部の都市。
高度化した複合用途施設を中心にウォーカブルアイランドを目指す。

レオナルド・ダ・ヴィンチ号

ジェイコブズが『アメリカ大都市の死と生』を執筆していた1960年に、グルーエンは洋上にいた。大西洋を東に進む豪華客船、その名もレオナルド・ダ・ヴィンチ号である。ナチス・ドイツのアドルフ・アイヒマンによってこの海を西へと追われた時には、国籍も地位もなく素寒貧であった。しかしいまはアメリカ国籍を取得し、金と、名声もある。これまでの苦難を乗り越えてきた自分が晴れがましく思えた。グルーエンはつぶやくのであった。

「大洋でゆっくりと航海を楽しみながら、プランニングについての本の構成を考えられたらそれに勝る機会はあり得るだろうか?」

グルーエンはこの洋上で、都市コアを人体の心臓になぞらえるという新しい著書の構成を考えていた。1964年に出版することになる『都市の生と死』である。〈都市→反都市→反撃〉の3部構成とするところまでは決まっていた。細かい章立てをどうするか?そんなことに思考をめぐらしながら、大西洋の海原を見つめ、得もいわれぬ幸福感に浸っていた。

このときビクター・グルーエン・アソシエイツはサウスデールの成功により全米からエンクロ

ーズド・モールの計画依頼が殺到していた。アソシエイツでは、ワーキングランチが常態化していた。未完のままに終わりはしたが、フォートワース計画自体は多くの支持を得ることができ、連邦都市開発局からも依頼が来ていた。このままでは忙殺されてしまう。グルーエンは騒々しく多忙な日常から解放される束の間のバカンスに出かけたのである。それは、あの懐かしい故郷ウィーンへの帰郷の旅でもあった。

「煮つまったときには気分転換になる旅がいいものだ。」

確かにグルーエンには何とかして活路を切り開かなければならない、2つの懸案があった。

1つは新しく依頼された都市コアの復興計画であり、どうしたらフォートワース計画の轍を踏まずに済むかが課題であった。中心市街地からクルマをしめだすことで得られる経済効果の確証を示さねばならなかった。

もう1つはニューヨーク州ロチェスターのダウンタウンにおける複合センター計画である。センター開業の起爆力が中心部の衰退をいかにして押しとどめるか。ミクストユースのゾーニングと、積層構造の計画が鍵となっていた。

そんなことを考えながらデッキを散歩していたら、思いがけずその答えを見つけてしまった。

この客船自体が自分の理想する積層構造そのものである！

以下はビクター・グルーエン・アソシエイツに在籍していた神谷隆夫の回想である。

「ショッピングセンター開発で名を成したグルーエンはヨーロッパ凱旋の旅で大型客船レオナルド・ダ・ヴィンチ号に乗船し、そこに理想の都市の姿を感じた。車道がない、しかしながら都市が備えている郵政・金融・ショッピング・アミューズメント・医療などのすべての機能がある。何よりも一般客がおのずと足を向けるマグネットとして船の真ん中には音楽会、舞踏会、ショーなどの様々な催し物に使える大きなイベントスペースがある。船客は、車の走らない穏やかな空間をゆっくりと歩きながら経過する時間を楽しんでいる。彼がショッピングセンター計画に携わるようになって、この船旅の記憶を理想のショッピングセンターの姿に重ね合わせても不思議はない。彼が情熱をこめて説明するショッピングセンター計画は、車を収容する大型駐車場は多層階の最下部に置き、横の広さが求められるショッピングセンターはその上に置く。さらにその上に床を張って、そこは緑あふれる散策地域、その上に都市の各種機能を収納したオフィス棟やマンション棟等、都市生活に密着した施設を構築する。そして、その低層部にはウォークサイドカフェや専門店等、歩行者を楽しませる施設を配置する。これが、彼がミニダウンタウンとして説明し、理想としていたショッピングセンターの姿である。」

このようにレオナルド・ダ・ヴィンチ号によってロチェスターの複合機能センターの構成は一

挙にして仕上げられた。

懐かしのウィーン

レオナルド・ダ・ヴィンチ号を下船したグルーエンは22年ぶりのウィーンに戻っていた。そして中央地区にあるナッシュマルクトの程近くを住居とした。家から2～3分のところにムシークフェレインとコンツェルトハウスの音楽堂がある。酒場のベイルゼンがある。画廊のクンストラーハウスとゼッチェションがある。フィッシャー・フォン・エルラッハ設計の教会カルルスキルフェがある。そしてバウエルンマルクトのカラクリ時計と、ドンナーの泉がある。あれから22年がたった。感無量である。グルーエンは、かつて自分がビクトル・デヴィッド・グリュンバウムだった幼い頃に戻っていた。

ナッシュマルクトは、グルーエンの前半生の思い出の地である。ここで夜毎にオペレッタやレビューを出し物にした政治キャバレーを営んでいたのであった。フェリックス・スラヴィクが観客だったことを思い出した。彼は１９３５年にファシストにより拘束されたが、戦後に解放。いまはウィーンの社会党の市議として財務をとりしきっているという。再会できたら積もる話をしよう。

ウィーン滞在中にグルーエンは、気まぐれに38㎞離れたサン・ポール市へ小旅行をした。旅すがら「グラシス」のことをぼんやりと思い出しながら。サン・ポールに着いたグルーエンは、クレムザー・シュトラッセというオフィス街があらゆる自動車の侵入を禁止した「歩行者専用区」となっているのを知る。地元の人からグルーエンが聞いた話では、当初この計画は在地の商人たちからクルマ客が離れるのではないかと強く反対されていた。しかし、歩行者専用区とするメリットについての説得を根気よく重ねることで合意を導き出し、その結果は他の市区をしのぐ集客につながり、日曜日の夕方でも買い物客でにぎわうようになったという。グルーエンは好運にもこの気まぐれな小旅行で、フォートワース計画の轍を踏まないための、経済効果の確証を見つけたのである。

官民連携プロジェクト

ヨーロッパから戻ったグルーエンは、ニューヨーク州ロチェスターにいた。ロチェスターはオンタリオ湖南岸のジェネシー河口にある。郊外にはモーゼスがつくった巨大公園がいくつもあるところだ。

1956年12月頃のロチェスターは郊外のショッピングセンターに包囲されて、都市コアの商業はこれに圧迫されていた。インナーループという環状のフリーウェイに囲まれたまちなかはクルマが渋滞し、空気は汚れ、駐車場も不足していた。依頼主はマッカーディとB・フォーマンの2つの百貨店オーナーである。彼らは、中心市街地を捨て郊外に出店するか、このままとどまって商売を続けるかの二者択一に迫られていた。もし百貨店が郊外に移転したなら間違いなくロチェスターの心臓部は死んでしまうだろう。悩んだ結果、彼らは大がかりな外科手術を受けることを選ぶ。その外科医はグルーエンである。手術する部位は、エルム・ストリート、クリントン・スクエア、イースト・メイン・ストリート、ブロード・ストリートに囲まれたエリア。フォートワースでは民間と市・州当局が足並みをそろえられなかったために計画は中途半端なものとなった。グルーエンは2つの百貨店で設立した開発会社であるミッドタウン株式会社にロチェスター市当局と積極的に話し合い、自分たちの開発計画が市全体の計画ともピタリと一致することを納得させる必要性を説いた。この時、ロチェスター市長のピーター・バリーは復興計画に使える連邦の補助金を得ていた。

1959年1月、市はミッドタウンプラザ計画を承認する。計画は充分に償却可能であり、高層ビルの固定資産税の上わぶれ分もあると判断。市は連邦の補助金以外の財源としてレベニュー債を発行した。

ミッドタウン株式会社も、市への支援を表明した。会社は計画地の地下床の全てを市に年間1$で貸与する代わりに、市が2000台の地下駐車場の事業主体となることを認めさせた。この駐車場には、最新の超音波探知自動制御システムが採用された。また、市は環状道路とそこから内側にクルマを入らせないためのパーキングタワーを建設することも約束した。そして、内側のいくつかの市道を歩行者専用道路とすることも。

会社側に残された課題は、センターのある複合機能の積層構造、ゾーニングをどのように計画するかだけとなった。グルーエンは、レオナルド・ダ・ヴィンチ号でひらめいたアイディアをここで活用する。地上階の中央には「ガーデン・コート」を大きく配置。これを取り巻く形で2つの百貨店と専門店ゾーン、ホテル、オフィスのエレベーターホールを配置する。「ガーデン・コート」には「世界の時計」という名の大きなカラクリ時計を設置。グルーエンにとって伝統的形態の時計台の設置は決して忘れてはならない重要なモニュメントであった。「世界の時計」前のステージではシンフォニーコンサート、舞踏会、美術展覧会、フェスティバル、政治集会などに使える1万人収容の市民広場とした。こうしたミッドタウン・プラザの建築モデルは三井不動産が開発したミッドタウンシリーズの原型であり、期せずして同じ名称がつけられている。

１９６２年４月10日にミッドタウン・プラザはオープン。ミクストユースの都市複合機能センターができたことで、幻のフォートワース計画はロチェスターにおいて完全にやり直された。そしてこのロチェスター復興計画は、１９６１年にジェイコブズから受けたフォートワース計画批判への無言の回答でもあった。グルーエンはオーストリア人であることが誇らしかった。彼の理想とした都市コアがウィーンであったことを実感したからである。

失われた故郷ウィーンへのトラウマを克服したグルーエンは誓うのである。

これからは毎秋、２～３週間くらいをウィーンで過ごすようにしよう。

ミッドタウン・プラザ計画が成功裡に開業したこの年には、グルーエンにとって因縁めいた２つの別れがあった。

1つ目の別れとは、3人目の妻であるラシェット・E・マコーミックの死である。その後、グルーエンは4人目の妻ケミヤ・サリへフェンデスと結婚する。1人目の妻アリスと、2人目の妻エルシーとは離婚であったが、マコーミックは悲しい死別であった。グルーエンは独り身の人生を選べなかった。その点、離婚と結婚を何度も繰り返したエルンスト・ルビッチとよく似ている。息子マイケル・ステファン・グルーエンは22歳となったが、継母のケミヤとは距離があった。グルーエンの死んだ後の話である。グルーエンの所蔵していたグスタフ・クリムトの絵画「Schloss Kammer am Attersee」をめぐり息子マイケルとその継母ケミヤで遺産争いが起きている。継母と子の距離を物語るエピソードだ。

2つ目の別れとは、ウィーンからグルーエンとアリスを追いやった「移送のスペシャリスト」アドルフ・アイヒマンが、イスラエルで絞首刑に処されたことである。

死の間際、アイヒマンはこう叫んだ。

「ドイツ万歳！　アルゼンチン万歳…オーストリア万歳!!」

第9章

フレズノ

1958〜1964

フレズノの中心市街地／スプロール化するアメリカ西部の都市。都市コアにあたるフルトン通りは、ウォーカブルアイランドに生まれ変わる。

都市心臓部への外科手術

グルーエンはクルマを運転していた。ロサンゼルスからフリーウェイに乗り、ルート99へと北上している。同じパターンの風景がどこまでも繰り返し現れる。ロサンゼルスの無個性なディストリクトは、その全体像をぼやけさせてしまう。中心部のインター入口は、今日もウンザリするほどの渋滞だった。フリーウェイをいくつ造ろうと、どれだけ車線を増やそうと渋滞は絶対に無くなりはしない。渋滞と信号待ちは人生の無駄遣いである。去年の秋には、コネチカット州のハートフォードで「自動車時代の都市問題に関するシンポジウム」のスピーチを演ったばかりだ。

「やはり公共輸送機関の強化しかないかな？」

忌々しげな顔をしながらグルーエンはどうやったら渋滞問題を最終的に解決することができるか思案していた。今日でいうところの公共交通志向型都市開発についてである。フレズノに近づくにつれ、クルマはスムーズに流れ出した。ただ風を浴びると堆肥の臭いが鼻を突いた。ラジオからは当今流行のボサノヴァが流れていた。

1958年、ビクター・グルーエン・アソシエイツは連邦都市開発局からカリフォルニア州フレズノ市復興計画の依頼を受けていた。今回のドライブは、そのフレズノを視察するためのものであった。2年前に依頼を受けたニューヨーク州ロチェスターと同時進行になる格好だ。ロチェスターもフレズノも同じ処置をとることで解決するはずだとグルーエンは見込んでいた。すなわち、都市の心臓部からクルマをしめだすための大がかりな外科手術であり、それはフォートワース計画の完全な形での履行に他ならない。

1958年はグルーエンが『ショッピングタウンUSA』の著述に入った年でもある。この本は1969年に奥住正道により邦訳されている。奥住はグルーエンの計画に習って浦和駅周辺の都市計画などに携わった奥住マネジメントの社長である。その社員の神谷隆夫は元ビクター・グルーエン・アソシエイツのスタッフで、グルーエンからは親しみを込めてTAKAOと呼ばれる間柄だった。神谷は、『ショッピングタウンUSA』に続くグルーエンの著書『都市の生と死』を邦訳している。出版社がタイトルを『都市の生と死』にしたのには、当時人気を博していたジェイコブズの『アメリカ大都市の死と生』に引きずられた感がある。原題のTHE HEART OF OUR CITIESを直訳したならば〝私たちの都市の心臓部〟となる。グルーエンは「都市の心臓病」というメタファーをよく使った。都市を有機体とみなし、都市問題を健全な身体に蝕む病気とみなした。服薬で治せるものもあれば、思い切った外科手術を施さねばならない病状もある。診断が大事である。フレズノは明らかに手術が必要な容体であった。病名は心臓肥大症。新興都市のフレズノは確実に人口が増えており、1960年には20万人に達する。ヒスパニック系の農業労働者が流入し、居住地域は郊外へ郊外へと拡大していく。一方中心地は交通混雑と大気汚染に悩まされ続けている。病名さえ解れば快癒は近い。フレズノには歴史的建造物や、ジェイコブズが愛したグリニッチビレッジのような保全すべき街路が乏しい。それならば思い切って都市の心臓部の車道という車道を歩行者専用道に改造し、そこに新たな街路空間と界隈性を移植してしまえばよい。グルーエンはこのオペを執刀する。

オペの手順は、以下の4つである。

①	フリーウェイは市を貫通させずに外環道とする
②	市の心臓部を取り囲む内環道の内側から自家用車を排除
③	外環道と内環道は幹線道路で接続。内環道沿いに大型駐車場とバスターミナルを設置。そこから心臓部へは小型バスのみが進入可能
④	心臓部を歩行者専用エリアとすることで、歩行者という血液の流れをよくする

この内④の血流をよくする施策は、主要な歩行者専用道であるフルトン・ウェイを健全化させた。フルトン・ウェイは、車道と歩道を隔てていた縁石を撤去して、人々が道の真ん中に出てくるよう仕向けた。道の真ん中には、花壇やベンチシート、サイドウォークカフェ、街路灯、アートオブジェがあり、人々の回遊を促した。

１９６４年９月、フレズノ計画は完了する。計画とは、どう振る舞うかではなく、どう扱われるかが大事であったのだ。もう渋滞も、信号待ちもない。後にグルーエンは、フレズノの成功を説明したものとしてバーナード・テイパリーのリーダーズ・ダイジェスト（１９６６年10月号）の記事を引用している。

「フレズノは、その商業地区の中心部からすべての自動車を大胆に追放し、長さ６ブロック、幅３ブロックにわたるその区域を魅力的な歩行者の区域に転換した。最終的にはさらに９つのブロックが追加されるであろう。かつて、交通の混雑や排気ガスやアメリカの都市の下町に標準的にみられる醜さなどがあったところに、今は庭園があり、泉やプールや数多くの素晴らしい彫刻が配置されたのである。さらに子供たちのためには、想像力に富む遊び場が置かれ、年配の人々や、ゆっくりしたい人々のためには、ブドウの木の陰になったベンチが泉やプールのそばに置かれたのである。」

しかしフレズノ計画にはグルーエンにとって2つの悔いが残った。1つは、百貨店といくつかの専門店が郊外ショッピングセンターを選び市街地から流失してしまったことである。もう1つは、連邦の資金による公共施設が郊外立地に建てられたことである。本来なら、ウォーカブルアイランドとなった心臓部にあってしかるべき公共施設であった。グルーエンはフレズノ復興計画の依頼者である連邦の取った行動について、フロイト的に〝精神分裂病〟であると嘆いている。

モーゼスとの対決

フレズノ復興計画が完了した1964年には、グルーエンの記憶に残る3つの出来事があった。

1つ目は、著書『都市の生と死』の刊行である。これは実用書ではなく、いわばグルーエンの環境都市論を集大成した書である。フレズノ計画とともに書き足されていったことが感慨深い。

2つ目は、ロバート・モーゼスが会長となって仕切ったニューヨーク万博である。25年前にやった万博では、GM社のパビリオン「フューチュラマ」に驚かされたものである。今回は、ユニセフ館のアトラクション「イッツ　ア　スモール　ワールド」でフォード社の自動運行交通システム「ピープルムーバー」がお目見えした。技術の進化は未来社会を予感させる。グルーエンは今回の万博の概略計画案に携わっている。使われたパビリオンを閉会後にもなるべくシンプルで経済的な方法で再利用することを提言していた。「ピープルムーバー」はアナハイムのディズニーランドに移築された。

経済的にこの万博は赤字となり、ニューヨーク市の財政を圧迫することになった。これが、後にモーゼスの失脚する遠因となる。

3つ目は、またしてもモーゼスである。フレズノ復興計画が完了する1964年は、モーゼスがプロパガンダ映画『この緊急なる必要性』を製作した年である。映画の中でモーゼスは吠えた。

「カナルストリートを通る時はいつも　車よりも歩いたほうが速い　目にするのは延々と続く交通渋滞　それを解決するのがローワー・マンハッタン高速道路　実用的な道路です　街の一部を希望のない交通渋滞の窒息から救いましょう　都市のなかの掃きだめ　30年間新しいビルの建設はありません　ここは経済不況の谷間　急を要する事態です　今すぐローワー・マンハッタン高速道路を」（映画『CITIZEN JANE BATTLE FOR THE CITY』より）

モーゼスは、グルーエンとは真逆の方法で渋滞問題と取り組んでいたのである。すなわち、街路を破壊して高速道路を増やすという方法である。

1962年のことであるが、グルーエンとマンフォードは「自動車業界の敵」として名指しされていた。モーゼスが率いる全国幹線道路利用者会議からの弾劾のことである。モーゼスの発言である。

「自動車産業なしではアメリカの経済は成り立たない　これは継続すべき偉大な産業で　車を生産し続けるべきだ　それには現代的な道路が必要だ〝汝　運転すべし〟。」（映画『CITIZEN JANE BATTLE FOR THE CITY』より）

これに対してグルーエンは、「オートピア」とか「モートリアス」という造語を用いてモーゼスの志向した理想郷を揶揄している。（注13）またグルーエンは、モーゼスを「反都市計画家」、そして彼に連なる交通行政マン、再開発プランナー、ゼネコン、会計士らを「都市の偽りの友」と呼ばわった。クルマ社会のエスタブリッシュメントに対する辛辣度はヒートアップしていく。ローワーマンハッタン計画は、グルーエンのマンハッタンをウォーカブルアイランドに変える計画とは真逆のものであった。グルーエンが守ろうとした5番街の18本のストリートとグリニッチ・ビレッジを破壊し、マンハッタン島南端を東西に貫通する州間高速道路とする反都市の計画である。予算は8400万ドル。これが実現すればモーゼスの造った橋やトンネルの通行手数料はますます増大することであろう。問題は計画地から立ち退かせなければならない住民問題である。モーゼスは平然としていう。

「抵抗勢力がいたとしてもやらなきゃならない　高速道路に反対する住人が2000人いるからといって　建設しないことにはならない」

「今　抱える最大の問題は居住者の立ち退きだ　立ち退き対象地域の住民だけでなく　一部の政治家は我々についてこう考えがちだ〝こんな仕事をする人間には思いやりがなく　人を苦しめて喜んでいる〟

事実ではない」

モーゼスはさらにこう続ける。

「住民を動かさなきゃならん　だが政治家たちは当然ながら　選挙のことが心配だから立ち退きに消極的だ　他の場所で成功しニューヨークでも試みたのは　人々に現金を渡して立ち退いてもらう方法だ　彼らはただの借家人だ　そんな連中に建設費用が　8400万ドルの道路の話をして何の意味がある？」

「連邦補助道路プログラムの大金が投入されている　少数の住民の言い分を聞いていたら　我々は何も建設できない　道路も公営住宅もなければ何も改善しない　。」（映画『CITIZEN JANE BATTLE FOR THE CITY』より）

グルーエンは、モーゼスによる際限なき道路拡張行政を、領土欲に取憑かれたアドルフ・ヒトラーの『我が闘争』にある東方生存圏説になぞらえ批判している。グルーエンが、ヒトラーを引き合いに出して何かをこきおろすようなことは滅多になかった。しかしロバート・モーゼスのような人物に対しては、ヒトラーになぞらえるより仕方がなかったのかもしれない。もちろんグルーエンは、モーゼスが自分といっしょのドイツ系ユダヤ人であることを知った上でである。

かつてナッシュマルクトの政治キャバレーでナチスをからかう一幕寸劇を演っていたグルーエンは、現実にはナチスの破壊的暴力に対し全くの無力であった。もうあんな思いはしたくない。反都市に反撃である。ロチェスターとフレズノの成功は、何よりわかりやすいモーゼスへのNO！となった。モーゼス流のやり方では、渋滞問題は決して解決しない。そしてグルーエンは、公共輸送機関の健全な活動こそが、都市問題を根治する鍵となることを直観していた。

「都市のダイナミズムへの願いに対する答は、都市の公共輸送機関の再生以外にはありえない。」ローワー・マンハッタン計画に反対する住民運動に立ち上がったのは、またしてもジェイコブズであった。グルーエンは、１９６０年の時と同じく彼女を援護する。ジェイコブズとモーゼスの最終戦は一進一退を繰り返しながら１９６８年まで続いた。

第10章

パリ

1967～1971

パリのパサージュ／グルーエンのショッピングモール構想の土台となった原風景の一つ。遊歩を促し、遊歩をより楽しませる都市装置である。

モールの遊歩者

ジェイコブズがモーゼスのローワー・マンハッタン計画とその終盤戦を激しく戦っていた1967年、グルーエンはパリにいた。パリ地域整備協会から依頼されたパリ郊外の5つのニュータウン計画（セルジュ・ポントアーズ、サン・カンタン・アン・イブリーヌ、エヴリー、ムラン・セナール、マルヌ・ラ・ヴァァン）のためである。1967年公開のジャン＝リュック・ゴダール監督の映画『La Chinoise（中国女）』には当時のパリ郊外の住宅建造ラッシュと、外国人労働者がバスの無い道路をトボトボと歩いている有様が描かれている。整備協会の指導者で、5つのニュータウンの1つサン・カンタン・アン・イブリーヌのニュータウン事業団長であるセルジュ・ゴールドベルクはグルーエンに全幅の信頼を寄せていた。この頃、ビクター・グルーエン・アソシエイツはロサンゼルス市コスタメサのサウスコースト・プラザなど、全米に50以上ものショッピングセンター計画を請け負っていた。苦々しいことは、グルーエンの預かり知らないショッピングセンターの模倣品も大量に生産されていて、それらが文化を持ちえないただの集金マシーンに成り下がってしまっているという状況だった。グルーエンはそれらのショッピングセンターが地域の経済的バランスをかき乱していることにある種の自己嫌悪を持っていた。時には、それらのまがい物が自分の手によるものだと間違われてしまうこともあったからだ。グルーエンは内心つぶやいた。

「私はそれらのロクデナシの開発に扶養手当を支払うことを拒否する。」

ダウンタウンの復興計画においても、同様であった。グルーエンの再開発手法は「真似の真似」として全米にあてがわれていった。計画を模倣したものは付け焼き刃的であり、街区の一部にペデストリアンデッキを設置して悦に浸るようなプランがほとんどであった。

「そいつらは、みんなイミテーションだ！」

グルーエンはヨーロッパでこそ自分の本領を発揮したいと願っていた。そのための法人として1967年にはビクター・グルーエン・インターナショナルを設立もした。そして、これが早速実を結んだ。それがパリのヴェルサイユのさらに西側にあるニュータウンの開発予定地　サン・カンタン・アン・イブリーヌ計画であった。

グルーエンがパリに来た前年の1966年に公開された話題の映画にルネ・クレマン監督の『パリは燃えているか』がある。ヒトラーはフランス占領後4年にして、連合軍によって奪取されかけていたパリの歴史的建造物の破壊命令を出す。これを受けた司令官のコルティッツは事の重大さを前にして躊躇し、結局破壊命令を出せなかったという筋書きである。コルティッツを演じた名悪役ゲルト・フレーベは、実際に大戦中ドイツ軍にあってひそかにユダヤ人を匿っていた人物でもある。パリのグルーエンは、この映画を見たことだろうか。

グルーエンはアレクサンドル3世橋の「ブティック通り」を思い出した。

パリは少年の頃によく母に連れられて見て回ったものである。母といくつものパサージュを歩いた。プルヴァールから横丁に入ると、そこはまるで美術館の内廊下のような空間に一挙にして様変わりするのである。まるで魔法の小路だ。パリのパサージュを遊歩した大先達にシャルル・ボードレールがいる。ボードレールの詩集『悪の華』は、ヨーロッパで建築を志す者の必読書であった。悪の華といっても花の話は出てこない。全篇ただパサージュをうろつきまわるフラヌール（遊歩者）の話である。つまり、この本はフラヌール讃歌なのである。原題のLes Fleurs du Mal（悪の華）はLes Flâneurs du Mall（モールの遊歩者）とも読み取れる。ボードレールのドイツ語訳を担ったのがマルセル・プルーストとヴァルター・ベンヤミンである。グルーエンもこれに系譜するフラヌールの一員であった。

パリの歴史的建造物といえば何といっても駅舎である。子ども時分にその優雅なデザインに呆気にとられ、見惚れていたのを思い出した。ちょうどパリ〜ヴェルサイユ左岸線の終着駅であるモンパルナス駅が再開発のため取り壊されるという。どんな駅舎に生まれ変わるものだろうか？グルーエンは、プチ・モーゼスのようなプランにならないことを祈った。

パリは城壁都市である。その点グラシスのウィーンとは少し似通っているかもしれない。パリと映画について論じた名著に臼井幸彦氏の『シネマとパリの終着駅』がある。この本は6つの駅を扱った映画を列挙しながら映画と駅（さらには街）の深い関係を解き明かそうとしている。氏によるとパリの城壁は4世紀半ばにその名もパリシー族がセーヌのシテ島の周囲に築いたのが最初であり、以降年代とともに六重にもグルグルと拡張していった。

現在のパリは、取り壊した6番目の壁のあったところが環状高速道路となっている。そして、パリ中心部を囲む4番目の壁のあったところがサン・ラザール駅、オーステルリッツ駅、モンパルナス駅、北駅、東駅、パリ・リヨン駅の6つの鉄道終着駅となっている。つまり、パリ市の4番目の壁の内側の地上部分には駅とレールと踏切とが一切ない。6つの駅を結ぶ円は、パリの中心と周辺の結界線を張っているのだ。グルーエンは空想する。6つのターミナル駅舎と合わせて、6つの大型駐車場も作ればよかったのに。そうすれば4番目の壁の内側はクルマをしめだした素敵なウォーカブルアイランドとなれるだろう。フォートワースの計画が頭をよぎった。

サン・カンタン・アン・イブリーヌへはヴェルサイユを通過していく。そういえばヴェルサイユ宮殿の奥にプチ・トリアノンがある。そこはマリー・アントワネットを慰めるための離宮で、彼女が愛したノルマンディの農村風景が再現されている。グルーエンは「記憶の転写」というフレーズを頭に思い浮かべた。懐かしい思い出を構成するエレメントを転写することで、記憶の再構築ができる。自分もロチェスターでこのやり方を使って、ミッドタウンプラザの「ガーデン・コート」にウィーンのアンカー時計に見立てた「世界の時計」を設置した。思い返せば、ノースランド・センター以降グルーエンがショッピングセンターの共用部で表現したかったことはウィーンの広場の「記憶の転写」であったのかもしれない。

ヴェルサイユ宮殿から西部高速道路に近いジェズネイ近郊部で、3つの単一機能センターの開発計画があったことを思い出した。大型ショッピングセンターと、巨大な集合住宅と、研究センターの3つの都市機能は互いに隔絶し合い、そのため土地と税を浪費し、複合化して得られる相乗効果を放棄していた。グルーエンはつぶやく。

「紙上では一見調和がとれているようにみえるそれぞれ単一用途の地区社会は不毛であり、非人間的である。」

建築とは、凍れる音楽である

総合的管理計画は、単一用途ごとの計画の上位にあって優先されなければならない。よって総合的管理計画者はジェネラリストがふさわしく、単一用途ごとのスペシャリストとは責任分担が異なることを明確にしなければならない。サン・カンタン・アン・イブリーヌのニュータウン事業団長セルジュ・ゴールドベルクには、ヴェルサイユ近郊開発計画の轍を踏ませてはならない。グルーエンはそう心に誓った。なぜならば、ゴールドベルクが計画に参与する住宅、雇用、都市センター、基盤構造、造園など、どの方面の専門家に予算付けをしていったらよいのかを迷っていたからである。

この種の問題を解決するために、グルーエンはシンフォニーオーケストラの例え話を持ちだして説明した。すなわちコンダクターは、あらゆる楽器にも精通したジェネラリストであらねばならない。だからシンフォニーを成功させるには、まずどの指揮者を起用するかが重要となる。「建築とは、凍れる音楽である」というセリフをそのまま信じているわけではないが、何かの示唆を含んだ言葉だ。シンフォニーの楽譜を考えてみよう。楽譜垂直軸には弦・管・打楽器のパーツごとに、そして水平軸には音の正確な位置・性質・量が示される。開発計画で重要なのは垂直軸の方である。これは今日でいうところのプロジェクト・マネジメントのスコアである。ゴールドベルクは、グルーエンの芝居がかった例え話による説明を面白がり、了承するのであった。

グルーエンは年をまたいで1971年5月、ニュータウン計画の提言書をまとめた。その骨子は、以下の4点である。

①	基盤構造の建設責任者は、単一の総合ディベロッパーが担う。ディベロッパーは、上部構造の建設に対する規則を作り、管理する。
②	ディベロッパーは、上部構造の建設権利の切り売りをしない。
③	ディベロッパーは、公的機関か、官民連携のSPCか、銀行・保険会社の開発協会かの何れかである。
④	恒久的都市センターの建設は人口流入が見込める時期まで留保する。その代わりに暫定利用のセンターを留保地付近にプレハブで仮設する。

以上の4点を守ることで、開発計画の公的性格は担保され、また民間事業者はリスクヘッジを

して計画に参入することが可能となる。骨子の1点目はグルーエンにとって特に強調すべきことであった。というのもこの提言をまとめていた1970年1月に平行してグルーエンが請負っていたパリ西隣のラ・デファンス中心地区の開発基本計画においてプランを反故にされたからである。建設会社の横グルマで、コンサルタントを基盤構造と上部構造とに分けて発注することにクライアントが同意してしまったのだ。グルーエンたちは基盤構造を担当したが、上部構造からの注文に従わざるを得なくなっていた。このことは、デファンス計画に少なからぬ障害を与えることになった。5つのニュータウン計画ではこうしたことを未然に防ぐ必要があったのである。

結局5つのニュータウン事業は、人口爆発にあえいでいたパリ中心部から効果的な郊外化を促すことに大筋で成功した。現在の日本でこそ人口問題といえば人口減少のことだが、50年前では人口増こそが問題であった。

グルーエンは、この事業の内、ムラン・セナールの人口密度の低さに対しスプロール形成の懸念を表明した。エヴリィとマルヌ・ラ・ヴァレでは臨時の都市センターを中心とするウォーカブルアイランドの可能性を示した。グルーエンの計画にしては珍しいことだが、エヴリィ計画では駐車場が都市コアのセンターに配置された。阪急西宮ガーデンズの構造がこれとよく似ている。

モーゼスの退場

グルーエンがパリの仕事をしていた1968から1971年は、ニューヨークのモーゼスが全面的に敗れていく時期と重なる。ジェイコブズらの反対運動の影響もあったが、1964年にモーゼスが会長となったニューヨーク万博の失敗もあって州・市当局のモーゼス離れが起きていたのである。モーゼスの計画が外されていく過程を次ページの年表に示す。

ローワー・マンハッタン計画の廃止宣言には、1960年にグルーエンが公表したマンハッタン計画も一役買ったことだろう。

リンゼイ市長は万博で赤字を出したニューヨーク市の財政再建に、モーゼスの虎の子であるトライボロ・ブリッジ・アンド・トンネル・オーソリティー（TBTA）の通行料金をあてがおうとした。モーゼスとしてみれば、両手両足をもぎ取られるようなものであった。この末路は、シェイクスピアの喜劇『ヴェニスの商人』のシャイロックのようである。

モーゼスの伝記に渡邊泰彦著『評伝 ロバート・モーゼス 世界都市ニューヨークの創造主《マスタービルダー》』（鹿島出版会）がある。渡邊氏はその終章で『ニューヨーカー』誌の評論家ポール・ゴールドバーガーによるモーゼスとジェイコブズへの批評を取り上げている。

「モーゼス流の巨視的な思考に代償がついてまわるように、ジェイコブズ流のこまごました思考にもまた代償がある。そしてこのふたつの思考の『バランスをまだ我々は見つけ出していない』。」

ビクター・グルーエンこそは、このふたつの思考のバランスを持っていた人物ではなかっただろうか？　まさに「第三の男。」しかしなぜか、グルーエンは見過ごされてきた男なのだった。

1968年	3月	モーゼスがニューヨーク州道路行政の外郭団体TBTA総裁職を辞任
1969年	7月	ニューヨーク市長のリンゼイがローワー・マンハッタン計画の廃止を宣言
	8月	ニューヨーク市都市計画審議会議員がローワー・マンハッタン計画は一般車道の渋滞解消に寄与しないと発言 市理事会が計画廃止を確認
1970年	1月	国家環境保護法が成立
1971年	3月	州知事ロックフェラーがローワー・マンハッタン計画の予算を他のプロジェクトに振り向ける

第11章

再びウィーン

1969～1980

ウィーンの聖ステファン寺院／寺院を中心点として幾重もの環状線が取り巻いている。この都市の形こそグルーエンが脳裏に焼きつけた都市再生を表わす概念図のベースとなる。

グラシスとダイアグラム

1969年の秋、グルーエンは終いの住み処をウィーンに定めた。きっかけは、ウィーン市計画課からの依頼である。ウィーンの都市コアの窒息症を治すための診察と、処方箋づくりだ。期間は、1971年12月までの26か月間。長滞在をする必要があった。パリのニュータウンの仕事も順調に進んでいる。アメリカには残念なことであるが嫌気がさしていた。都市コアをウォーカブルアイランドにするグルーエンの理想を矮小化したペデストリアンデッキや、一時しのぎのホコ天に落とし込み、それらがさもグルーエンプランであるかのように喧伝されていたのがどうにも耐えられなかったからである。ショッピングセンターの乱開発は、都市の経済バランスを崩壊させていた。

まるで土地を浪費する駐車場の海だ!そんなものの父となど呼ばれたくはない!!

そこへきて、ウィーンを救うというやり甲斐のある仕事が舞いこんできたのである。故郷のために最後の力を振り絞らなければ…!!

グルーエンにとって懐かしく、うれしい再会があった。ナッシュマルクトで政治キャバレーの支配人兼役者を演っていた頃に親しくしていた9歳年下のフェリックス・スラヴィクである。驚いたことに彼はウィーンの副市長にまで昇進していた。

ああ、お互い生き延びて偉くなったものだな。2人の再会は、映画『第三の男』のホリーとハリーのような悲しいシナリオとはならないだろう。

社会民主党員だったスラヴィクは1935年にシュシュニク政権によってウィーン郊外ヴェラースドルフの火薬工場跡地に建てられた収容所に投獄された。1938年からはシュシュニクより政権を引き継いだナチス・ドイツからの拘束が続いた。どれだけ過酷なことであっただろうか。グルーエンは1939年7月にウィーンを捨ててアメリカに亡命。現在グルーエンは66才、スラヴィクは57才。あれから30年の月日が流れていた。スラヴィクはグルーエンの一幕寸劇がお気に入りだった。キャバレーで演じられたレビューの数々はファシストをこきおろす小気味のよいものだった。グルーエンは社会民主党のシンパだった。「富める社会」で起きる貧困と、差別と、隔絶を憎んだ。2人は気が合ったのである。スラヴィクもグルーエンがフォートワースでやろうとし、ロチェスターと、フレズノで成した復興計画を知っていた。そしてこれらの計画がみな古都ウィーンのグラシスを模範としていたことを見抜いてもいた。ウィーン副市長として、この歴史ある都市を窒息死から救わなければならない。そのためには、都市心臓部の名外科医ビクター・

グルーエンを呼ぶのが一番だ。グルーエンならきっと自分の考える都市コア復興のための絵図を描いてくれることだろう。

グルーエンはその絵図を「コンセプト・ダイアグラム」にして示すことにした。期限は26か月後の1971年12月である。時間を無駄にはできない。グルーエンは精力的に現況調査と都市構造の分析に入った。

1969年当時のウィーンの人口は200万人で安定しているが、個人の要求する床面積の増大とマイカーの増加が問題となっていた。人口増に困らなくても、個人の空間的要求の増大により都市は膨張する。コアの車道は慢性的に渋滞し、逃げ場を失ったクルマが物理的に歩行空間を侵食していた。グルーエンはコンセプトを3つに分類した。機能と、デザインと、経済の3つである。この内、機能的コンセプトが最優先される。デザインから始める計画はデザイナーの思い上がりが仇となるケースが多い。経済から始めるのは予算割の範囲を限定してしまい、需要を効果的に満たせなくするケースがある。人々に求められる都市機能とは何なのか？計画はここから始めなければならない。それは直径1・4㎞（154ha）の聖ステファン寺院をへそとするウィーンの歴史的コアを完全な車歩分離によってウォーカブルアイランドにすることである。分速70ｍで1・4㎞を歩くと20分。人が連続歩行に耐え得る「20分の壁」である。そこを世界一のウォーカブルアイランドに仕立て上げよう！

ありがたいことにウィーンには環状道路が幾重にも取り巻いていた。1860年ごろに取り壊された城壁とグラシスがリングシュトラッセ、カイシュトラッセ、ラステンシュトラッセの環状道路になっていた。グルーエンはそこに全部で2万台を収容するいくつかの地下駐車場建設を提案した。シュトラッセから都市コアまでは大量のミニバスを走らせる。1969年ウィーン市は既にして聖ステファン寺院を終着駅とする地下鉄計画が決定されていた。スラヴィクは乗り気でなかったが、グルーエンはこれに飛びついた。グルーエンは地下鉄に夜間は貨車の役割を果たすことを提案した。駅に荷物の一時保管施設を隣接させ、そこから時速制限15㎞の小型電気トラックで再配送する。これにより大型トラックの都市コアからの締め出しが可能となる。グルーエンは財務畑のスラヴィクにエクスキューズして、地下鉄計画が莫大なコストと見合うかどうか乗降者数予測の重要性について進言している。

スラヴィクは地下鉄以上に反対的立場をとったのがドナウ川アウトバーン化計画である。グルーエンはスラヴィクの反対姿勢に両手を上げて賛成した。どこにでもプチ・モーゼスはいるものだ。モータリゼーションの波は世界中に押し寄せ、その悪魔の申し子たちをつくるのである。リングシュトラッセの内側からクルマを締め出すグルーエンプランは、まさにアウトバーン計画へのNO!をつきつけるものとなった。スラヴィクは満足した。
　機能的コンセプトは以上のようなプランであった。これに従属するデザイン的コンセプトと経済的コンセプトは以下の通りである。

7つのデザインコンセプト

1、歩道と車道のレベル差をなくす
2、視覚的にも楽しい舗装
3、クルマ目線ではなく歩行者目線で親しめる照明
4、歩行者のための共同の屋根がわりにキャノピー、アーケード、コロネードを取付ける
5、広場には花壇、彫刻、噴水、ベンチ、遊具を設ける
6、広場や大通りはウォークサイドカフェやイベント広場として活用
7、歴史的建造物の保存

市民のスペース需要を効率的に満たす経済的コンセプト　４つの方針

①既存のスペースの床効率を上げる
②未使用の土地、建物の再利用
③歴史的建造物に該当しない老朽建物の建て直し
④コア周辺部の２つの兵舎等の建物の再利用

約束の期限である１９７１年末に成果物であるコンセプトはダイアグラムの形で市計画課に提出された。この時スラヴィクは市長に昇進していた。スラヴィクはグルーエンの成果物に満足した。１９５０年代からグルーエンはよくこのダイアグラムで彼オリジナルの都市環境を示す概念を表現しようとした。細胞の構成や、天体の惑星系を都市と類推する「明日の大都市」と名付けられた5角形の概念図がそれである。グルーエンは全広域都市地域の土地利用に計画性を持たせなければならないと主張した。一部だけが天国で、他は地獄であってよいというわけにはいかないのである。その考え方をあらわすのに使ったのがダイアグラムである。

ハワードとグルーエン

グルーエンのダイアグラムについてはちょっとした逸話がある。グルーエンが多用するダイアグラムは、実はエベネザー・ハワードのつくった田園都市構想のダイアグラムがベースになっているのではないかという指摘である。

「イミテーションはオリジナルには及ばない」というのがグルーエンの座右の銘である。グルーエンは抗弁して「私がハワードのレッチワースのダイアグラムを知ったのは1956年になってからのことだ」と言い放った。グルーエンの生まれた年は、レッチワースの田園都市が誕生した同じ1903年。グルーエンが53才になる1956年まで、はたしてハワードのダイアグラムを知らずにおれただろうかは疑問が残る。さらにグルーエンは続ける。ハワードもまた1850年頃に出版されたバッキンガムの作品をみては驚いたのだと。バッキンガムの作品が自分の創作した田園都市を示すダイアグラムと酷似していたからである。つまり誰の創作においても、それと似通ったものが世界には存在するものだと開き直ったのである。ハワードについての指摘がよほど気になっていたのだろう。でなければこのハワードのバッキンガムの故事にはたどり着けない。

何れにしろグルーエンは、ハワードの影響については否定した。どちらかと言うとグルーエンが影響を受けたのは、カミロ・ジッテ（１８４３～１９０３）とル・コルビュジェ（１８８７～１９６５）からであっただろう。ジッテは歴史的建造物を保全する都市計画を、コルビュジェは全てを真っ新にしてゼロから建造する都市を理想とした。この真逆なる先達２人を自身の中で無理なく同居させたのがグルーエンの都市計画であった。こうしたグルーエンの都市計画の考え方は、今日のウィーン市のケルントナーシュトラッセやグラーベンといった歴史的中心市街地において実装されている。

都市への最善の努力

グルーエンは１９６８年に環境教育を促進するための基金を立ち上げた。そして、グルーエンは方々で彼の都市環境論についての講演を行う。

以下は、グルーエンの講演からの抜粋である。

「上質な人間的経験にとって特別な場所は都市コアである」

「一国の権力構造の堕落が一番強く表れるのは、都市コアにである」

「都市コアの選び抜かれたミクストユースにより、人口の引き戻しは可能になる」

「人類の目的は、都市への最善の努力である」

グルーエンはまた都市の魅力の数式を考え出した。これは、ヨーゼフ・シュンペーターのイノベーションの理論がベースとなっているようだ。数式は以下の通り。

A＝D－O
(Attractiveness＝Desire－Obstacle)
都市の魅力　イコール　欲望　マイナス　障碍

都市の魅力は、それを欲望する人々によって高められる。しかし、それを先例主義や無気力で妨げるものによって低められるという意味だ。フォートワースでの苦い経験が土台となっている。

グルーエンのサイエンス・フィクション好きは終生変わらなかった。現に駆使できる科学技術の枠を超えた、予見可能な未来の、そのまた向こう側にある世界を想像したいと願っていた。

アイザック・アシモフの名言がある。

「賢明な決定は、現状と将来の考慮による。」

グルーエンはそれに近い時間論をよく使っている。

「未来は過去の投影であり、現在によって条件づけられる。」

「現存する秩序の上に加えることのできる新しい秩序が、現在や近い将来での精神でもって過去から受け継いできたものを超越していく。」

「都市の変容は新しい報告と手法を発見することを意味し、やがてそれが新しい都市の用語と言葉によって表現されよう。」

講演でグルーエンが語ったことばの数々である。

1973年7月18日、グルーエンの古希を祝うバースデイパーティーが開かれた。妻ケミヤの企画である。グルーエン邸にアソシエイツの同僚や友人、クライアント、そして娘のマーガレットら家族が集まった。そして思い出話をたくさんして、グルーエンを賞賛した。グルーエンはトレードマークの葉巻を気障に喰わえて嬉しそうに吹かしていた。

この年には、グルーエン計画の実用書である『都市のセンター計画』も刊行されている。グルーエンは、幸福感につつまれていた。こんな日々が、一体あとどれくらい続くことだろうか？思えば、いつ死んでもおかしくない人生だった。1938年の7月がそうだ。あの逃避行に失敗していたらどうなっていたのか。赤狩りの時にだってそうである。しかし、社会的弱者である自分はいつだって死に損なってきた。それがどうだ？いま、生き残り、家族、同僚、友人から祝福を受けているではないか。

幸運なことにこうしたパーティーは、1978年の喜寿においても催された。

『都市のセンター計画』は、センターの役割について以下の4点を示している。

①	際限無き都市開発を制約
②	クルマ社会からの人間回復
③	「単独用途のショッピングセンター」から「複合する地域センター」へ
④	郊外ショッピングセンターと中心市街地の調和

この4点は今日のショッピングセンターと都市について考える上でも的を射ていて、役に立つといえよう。

このころ、タワービルディングや郊外のショッピングモールを設計してきたグルーエンにとって、ちょっと気になる2つの映画があった。

1つは1974年に公開のジョン・ギラーミン監督のパニック映画『タワーリング・インフェルノ』だ。舞台はサンフランシスコのタワーセンター。その設計家ダグ・ロバーツを演じたのがポール・ニューマン。その婚約者を演じたのがフェイ・ダナウェイ。ダグの預かり知らぬところで不正が為された設計監理のせいで火災を引き起こし大惨事となるという筋書きである。

もう1つは、1979年に公開のジョージ・A・ロメロ監督のホラー映画『ゾンビ』である。郊外のショッピングモールがゾンビの巣窟となるのだが、ゾンビは生前の習慣でモールの中をうろつき回るという設定がいかにも怖ろしい。

時代は、パニックとホラーというカテゴリーの〝娯楽〟を求めていたのである。

話をもとに戻そう。

グルーエンの思想は人知れず広がっていった。例えばドイツの諸都市のウォーカブルアイランドにおいてである。1978年のダルムシュタットのルイーゼン広場（かつてのアドルフ・ヒトラー広場）の整備は、路面電車とバス以外の自家用車を都市コアから締め出すことに成功した。ルイーゼン・センター計画はグルーエンの思想を受け継いでいるようだ。

この頃のウィーンの交通事情のわかる映画がある。フランクリン・J・シャフナー監督の『ブラジルから来た少年』（1978年）である。アウシュビッツでの人体実験の戦犯ヨーゼフ・メンゲレを演じたグレゴリー・ペックの怪演が光る一作だ。ウィーンの都市コアが映し出される。車歩分離は徹底されていないが、二両連結の路面電車や、小型のCity Busが活躍している。ルイーゼン広場ほどではないがある程度はグルーエンプランが反映されていたことがわかる。

グルーエンが都市に求めたことはいたってシンプルなことであった。

出会いである。

「人生において最も望まれるものは生活の自由である。生活の上で自由にできて素晴らしいと思うものの一つには、他人と思いがけなく出会うことであり、それは集中化が進み都市化された市中においては、日常生活において、街中や公園や店やバス、市電その他の交通機関の中で起こり得る」

１９７９年、ウィーン市はグルーエンに褒賞を贈っている。その翌年１９８０年2月14日、グルーエンはひっそりとこのウィーンにて世を去る。享年77歳であった。彼の訃報はその業績のわりには、あまり知られていない。ワシントンポストが死亡記事をわずかに書いたのみだった。

記事には、こう書かれてあった。

「自動車の　専制政治に反撃した　都市の解放者　ビクター・グルーエン」

エピローグ

映画『ラ・ラ・ランド』（2016年）は、デイミアン・チャゼル監督のミュージカル映画である。そのオープニング、圧巻の4分40秒！流れる楽曲は「アナザー・デイ・オブ・サン。」サントリープレミアムモルツのCMでもおなじみだった曲である。

映画はロサンゼルス名物、大渋滞のハイウェイのシーンからスタート。ロケ地はロサンゼルス空港から東に進むハイウェイ105号線と110号線のインター・チェンジである。上空から見るとまるでからまったスパゲッティのようだ。

撮影は、2日間にわたりハイウェイから一般車を締め出して行われた。微動だにしない100台の車列をキャメラがなめる。どういうわけかほとんどの車は1台に1人しか乗っていない。渋滞にうんざりしているドライバーたち自身もまたスペースの無駄遣いをしていることが暗示される。クラクションと被りながらソウル、クラッシック、ブラック、トランスと、様々なジャンルの曲がカーラジオから聴こえてくる。そのうちの一台、青い車から降りた女性が歌をくちずさみ、ジャズステップでハイウェイを歩き出す。すると彼女につれられるようにして、すべてのドライバーも車を乗り捨てダンスを始める。ハイウェイはダンステリアだと言われんばかりの痛快なコレオグラフだ。ドライバーたちが踏んでいるのはマイカーのボンネットと中央分離帯であり、ハイウェイは究極のホコ天となっていく。そしてトラックの荷台からベース、フルート、ドラムスのカルテットが現れるとダンスは佳境に入る。フラメンコのおばさんも登場し、フラフープ、ローラー、スケボー、BMX、パルクールと、もう何でもござれ。そしてクロージングは、ハイウェイの大映しと、100人のダンサーの美しいシルエットに「LA LA LAND」のタイトルバックが重なる。

クルマ社会に反撃するかのような、痛快極まるミュージカル映画だ。

LAとは、ロサンゼルスのことである。

グルーエンがフレズノに向かうロサンゼルスのハイウェイの入り口で渋滞にうんざりしていた頃からもう半世紀以上が過ぎた。ロサンゼルスの道路事情は相変わらずである。

けれども、時代の変化は起きている。

21世紀　若者のクルマ離れ　シェアリングエコノミー　ITPS（総合交通供給サービス）アプリ　自動運転の電気自動車　スマホによる5Gの動画配信　iPhone13proが視せる「ポケットからハリウッド映画を」の配信→すなわち映画館のスクリーンから手の平へのパースペクティブの移行　インターネットによるEコマースの伸長　文化を持たないショッピングセンターへの不支

持

人々は、ショッピングのセンターではない、新たな欲望を満たすセンターを求めるようになった。それは自分発見や自分磨き、自分と気の合う仲間との経験交流、自分に適った社会貢献の形など、新時代の欲望である。グルーエンは何も単なる商業施設をつくりたかったわけではない。彼が考えていたものは、都市機能である。すなわちそれは、器のようなもので、あらゆる社会的欲望を満たすための「公器」である。いかに欲望がその形を変容しようとも、グルーエンの考え出した公器のマネジメントシステムは変わらない。これこそが、彼のつくりだしたショッピングセンターなのである。

今日、わが国の国土交通と都市行政もニューアーバニズムやコンパクト・プラス・ネットワークとミクストユースがメインストリームになっている。この潮流こそグルーエンの発案した都市環境計画であった。

以下は、専修大学の塙武郎教授から教えてもらったことである。

「グルーエンのやり方は、今日のアメリカの諸都市でトランジットモールとして普及している。例えば、フロリダ州のタンパのように、ウィスコンシン州のミルウォーキーのように、シカゴや、デンバーでも実施されている。トランジットモールのスケールは48ha相当。人間が歩行するのにちょうどよいスケールなのだ。公共交通機関としては新交通システムLRTがよく使われている。このようなトランジットモールが実施されるターニングポイントは2000年から2005年にかけてのことである。大都市においてもグルーエンのやり方は継承されているようだ。今日のニューヨークでは富裕層もメトロを使用している。クルマ離れが起きているのだ。ハドソンヤードの再開発は、オフィス、商業のみではなくレジデンスと学校も複合して職住隣接のミクストユースになっている。都市がいかにより善いものに向かおうとしているかがわかるだろう」

現在のニューヨークでは、住宅街の車道を朝から夜まで歩行者専用区域とする「オープンストリート」が実施されている。そこでは子どもの遊び場や、ミニ図書館、青空パーティーが開かれている。グルーエンが生誕して100年を経てようやく歩行者中心のまちづくりが現れてきている。

先人の見た理想の未来像の中に、私たちの現在はある。

その名はあまり知られていないが、グルーエンが創り出したショッピングセンター文化と、都市環境計画は現在も色褪せてはいない。

「人類の目的は都市への最善の努力である」

グルーエンの遺してくれたことばだ。

おわりに

20世紀は、映画の世紀である。

1903年、映画黎明期の真っ最中に生まれたビクター・グルーエンは、映画成熟期の1980年に没した。まさに、映画の世紀を駆け抜けた人生である。彼自身もまた、映画との奇しき縁に恵まれた人物だった。低俗といわれた映画を芸術の高みにまで押し上げたハリウッドのエルンスト・ルビッチ監督。ルビッチは、グルーエンの大先輩にして恩人であった。どうやらルビッチは、グルーエンの経歴（ドイツ兵に変装して命からがら飛行機でイギリスに逃亡したこと）を面白がって自ら原案し、映画の中に盛り込んだ形跡がある。1942年公開のコメディー映画『生きるべきか　死ぬべきか』だ。

私は2007年に始まった（一社）日本ショッピングセンター協会のSCアカデミー1期生としてショッピングセンターを学術的・体系的に学んだ。指導教授は大甕聡先生と彦坂裕先生。講師の一人にビクター・グルーエン・アソシエイツ出身の神谷隆夫先生がおられた。この夜学は、ビクター・グルーエンを学ぶ場でもあった。しかしながら受講生たちはそれまでグルーエンの名を見たことも聞いたこともなかったのである。私と同じく初めてグルーエンを知り、かつ夢中になったのが早川一明さんである。彼はあちこちからグルーエンに関する資料を見つけ出し、私に共有してくれた。そこで得たことの一つに、グルーエンは若かりし頃に役者をしていたがナチス・ドイツに追われて亡命したという事実である。その頃のことである。私の仕事仲間の東京ギャグコレクション主宰　安芸純さんと酒を飲んでいた時に、グルーエンが役者であり亡命した経緯を話すと、安芸さんからエルンスト・ルビッチ（これもまた初めて聞く名前だ）の『生きるべきか死ぬべきか』のモデルではないかと返された。それでルビッチの映画を観て、確かにそうかもしれないと思った。後日このことを早川さんに話すと、彼は大変興奮して「グルーエン、エルンスト・ルビッチ、マックス・ラインハルトの『糸』と『ネットワーク』は深い深いものを予感させます。是非、グルーエンと舞台・演劇人の接点を紐解いてください。期待しています」と語られた。この本を書き終えてみて、ようやく早川さんの期待にお応えできた気がする。

ショッピングセンターの建築・設計にあたってグルーエンが取った技法は、演劇・映画のシナリオや、演出からの援用である。そもそもヨーロッパ建築と舞台美術には深いつながりがあった。グルーエンは自分の前半生で果たせなかった映画の夢を、自らが発明したショッピングセンターの中で果たそうとした。

本書では『生きるべきか　死ぬべきか』を含めて50作の映画のタイトルが出て来る。その舞台となる主要な都市はウィーン、パリ、ニューヨークであり、当然のことであるがこれらの都市はグルーエンにとっては特に縁ある地であった。映画と都市のつながりを示している。

映画が都市のイメージをつくり、都市が新たな映画の舞台となる。

映画も都市も時代を映す鏡だ。

グルーエンは、ずっと考えていたことだろう。

自分の前半生が置き去りにされてきたことへの悔いをである。グルーエンは、それを埋め合わせるかのように、郊外ショッピングセンターと都市コアの再生に邁進し続けてその生涯を終えた。次代にも受け継がれるショッピングセンターと、都市への最善の努力を夢見ながら。

グルーエンとルビッチの深いつながりを知るきっかけを与えてくれた早川さんも、安芸さんも、そして神谷隆夫さんも亡くなられてしまった。ビクター・グルーエンと彼に連なる幾人かの故人を偲びながらこの筆を置く。

（注1）アイリーン・グレイとル・コルビュジェを扱った映画にメアリー・マクガキアン監督の『ル・コルビュジェとアイリーン 追憶のヴィラ』（2015年）がある。

この時代にはまだ「セクハラ」「パワハラ」という言葉が無かった。稀代の天才建築家コルビュジェは自身の主導する「近代建築の5原則」を軽妙に具現化してみせたアイリーンのヴィラ〈E・1027〉を目撃する。〈E・1027〉への感銘は、次第にいびつな嫉妬へと変化していく。そして渇望はストークする。コルビュジェは南仏カップ・マルタンに長逗留しては〈E・1027〉こそが吾が傑作であると錯綜する。挙句の果てに、ヴィラを個性づける白い壁面にパリジェンヌに人気のキュビズムっぽい落書きを始める。しかし、アイリーンはコルビュジェの必死のハラスメントをことごとく無視する。コルビュジェはカップ・マルタンに「キャバノン」という名の小屋に住まい、そこからアイリーンのヴィラを覗き見した。コルビュジェの最期はヴィラ〈E・1027〉の建つ海岸付近での溺死であった。ルキノ・ヴィスコンティ監督の映画『ベニスに死す』（1971年）を思い出させるコルビュジェのペルソナだ。

（注2）映画『生きるべきか死ぬべきか』が公開された1942年は、第二次世界大戦に参戦し

たルーズベルト大統領がハリウッドに戦意高揚を求めた時代である。ウォルト・ディズニーはそれに応えて『ドナルドの襲撃部隊』を公開している。

しかし、『生きるべきか死ぬべきか』では、監督のエルンスト・ルビッチが戦意高揚のかけらもない全篇コメディーにしてしまった。『生きるべきか死ぬべきか』の見せ場は、大詰め、劇場のホワイエで鉢合わせするポーランド役者が扮した偽物のヒトラー（トム・ダガン）と、その相方役者が扮するユダヤ人（フェリックス・ブレサート）との対決だ。睥睨する〝ヒトラー〟に対し彼はなぜかシェイクスピア喜劇「ベニスの商人」で有名なシャイロックの長台詞を吐く。間髪入れぬスクリューボールで押しまくるルビッチにしては珍しい長回しだ。

生きるべきか死ぬべきか「To Be or Not to Be」の「ハムレット」こそは悲劇であり、ここにルビッチは、悲・喜劇を逆転させて、シェイクスピアすら笑いのめし、映画全体をソフィスティケイトされた知的なおかしさに包み込んでしまう。野暮な演説、余計な説明は省略し、シャイロックの長台詞に託すことでドライに、そして軽妙に演ってみせたのである。

『生きるべきか死ぬべきか』は後輩ユダヤ人のメル・ブルックスがルビッチへのオマージュとして1983年に『大脱走』としてリメイクしている。ナチスが逃亡ユダヤ人をみすみす見逃すことで、悲劇を抱腹絶倒の喜劇に逆転させるというアイディアは継承されている。

（注3）ウイリアム・ディターレ監督の『ゾラの生涯』（1937年）は、1894年のフランス陸軍による組織的冤罪「ドレフュス事件」を題材にしている。陸軍参謀大尉ドレフュスはユダヤ人であることからスパイに仕立て上げられこの世の地獄、その名も「悪魔島」へと流刑。ドレフュスの再審を訴える文豪エミール・ゾラが数々の妨害をはねかえしながら彼の無実を勝ち取るという史実にもとづく粗筋だ。この映画を当時4才になる一人のポーランド系ユダヤ人が観ていた。ロマン・ポランスキーである。ポランスキーは、罪無くして連行される父ドレフュスを見送った2人の幼児に感情移入したのだろうか。いつか自分も『ゾラの生涯』のような映画を撮りたいと願った。ただし、自分の扱う主人公はゾラではなくドレフュスとして。85年後の2022年にポランスキーは映画を撮る。ドレフュスを主役とした『オフィサー・アンド・スパイ』だ。『ゾラの生涯』と『オフィサー・アンド・スパイ』のアングルはところどころ色濃く重なっている。

1937年のポーランドは、東方に向けて軍事拡張するナチス・ドイツの脅威にさらされていた。1939年9月、ドイツ軍はワルシャワに侵攻。ポランスキーと父母はゲットーに移送される。さらにゲットーからアウシュビッツへと移送される日に、父親がフェンスを破りポランスキーを逃がす。単独ポランスキーは壮絶な逃亡生活を送ることとなる。

この時の原体験にもとづくもう1つのポランスキー監督の映画がある。『戦場のピアニスト』

（2002年）だ。ドイツ軍がワルシャワを占領するとユダヤ人のピアニストのシュピルマン一家はゲットーに移送される。シュピルマンの父は嘆く。

「アメリカのユダヤ人は何もしてくれない！」

当時グルーエンやモーゼスの居たアメリカは参戦していなかったのである。

シュピルマンは、ゲットーからアウシュビッツへの移送を独り逃れ、過酷な潜伏生活に入る。ポランスキーお得意のモチーフである隣家の監視の目、この演出が怖ろしい。

ロマンスキーは言っている。ユダヤ人のホロコーストの始まりは「ドレフュス事件」だったと。

『ゾラの生涯』から約1世紀を過ぎてなお世に訴えるポランスキーの映画である。

ウワディスワフ・シュピルマン（1911〜2000）は実際に迫害を受けたユダヤ人ピアニストである。

（注4）黒人とユダヤ系アメリカ人の幸福なるミュージック・セッションを描いた映画がいくつかある。1927年公開アル・ジョルソンの『ジャズ・シンガー』。1947年公開ルイ・アームストロングの『ニューオリンズ』。1956年公開の『ベニイ・グッドマン物語』などだ。これら

の映画が扱った年代は１９２０年から１９３３年の禁酒法の時代、そして〝悪魔の音楽〟と忌み嫌われたラグタイムの時代だ。禁酒法を逆手にとってボロ儲けしたシカゴのアル・カポネらマフィアは、どういうわけかラグタイムの庇護者でもあった。１９２３年頃にウィーンの政治キャバレーでビクター・グルーエンが垣間見たラグタイムは、ニューヨークではこんな感じだったのである。

映画「ジャズ・シンガー」は、ニューヨークのユダヤ人街の面影も映している。歩道を埋め尽くす露店、そこに覆いかぶさるテント地の軒、車道にせり出したメリーゴーラウンド、雑踏のひしめき。キャメラは都市の過密を映し出す。ユダヤ人街区の有り様を今に伝える映画といえば１９８４年公開のセルジオ・レオーネ監督『ワンス・アポン・ア・タイム・イン・アメリカ』がある。この映画の宣伝用のセピアなポスターは面白い。巨大なマンハッタン橋を見上げる未舗装の道路は砂塵が舞い上がっている。下っ端ですらないユダヤ人ギャング団の少年５人が描かれている。４人は下手から上手に向かい歩き、１人は上手を背にして下手の４人を招いているよう。舞台では下手は過去を、上手は未来を表わす。何かを暗示しているのだろうか。マンハッタンの巨大な橋と、街路。ナチスから逃れたニューヨークのグルーエン夫妻もこんな光景を見たことだろう。

（注5）『マルクス兄弟　オペラは踊る』の脚本はジョージ・カウフマン。カウフマンはルビッチと共にウィーンから亡命してきたグルーエンを援助したユダヤ人アーティストである。メインキャストは人気絶頂のコメディアンであるマルクス兄弟。マルクス兄弟もユダヤ人である。

イタリアのミラノから大型客船「アメリカス号」に密航したオペラのユニットが強制送還におびえながらも何とかしてニューヨークに逃れて来るという粗筋だ。ナチスから逃れるユダヤ人の演劇集団を撮った映画『生きるべきか死ぬべきか』のルビッチ監督を思い出す。彼らはそろいもそろって、グルーエンの逃亡劇をネタとして使っているようだ。グルーエンがニューヨークに逃れてきた時の所持金は8ドル。『マルクス兄弟　オペラは踊る』の中でレコード1枚が75セントと出てくることから、当時の8ドルの価値がわかる。

この映画には、ロバート・モーゼスの後楯となったフィオレロ・ヘンリー・ラガーディアらしきニューヨーク市長も出てくる。ラガーディアもハンガリー系ユダヤ人の血を引いている。映画の公開は1935年。この年、ナチス政権下のドイツではユダヤ人から市民権を剥奪するニュルンベルク法が制定されている。ホロコーストの足音がきこえて来る。

（注6）ベニイ・グッドマンを扱った映画にバレンタイン・デイビス監督『ベニイ・グッドマン物語』（1956年）がある。ユダヤ系アメリカ人ミュージシャンと黒人ミュージシャンの交流が描かれている。

（注7）この映画と同じタイトルの本にシャロン・ズーキン著「Naked City（裸の町）」がある。サブタイトルは「The Death and Life of Authentic Urben Places。」邦訳は「都市はなぜ魂を失ったか―ジェイコブズ後のニューヨーク論。」ズーキンは、この本の書き出しでダッシンの『裸の町』のナレーションを引用している。ズーキンはモーゼスを「都市の小さなスケールのネットワークや、都市の歴史的特性を滅亡の恐怖に陥れる最大の悪党」としている。

（注8）1947年当時の平和に富めるアメリカ社会は、ヨーロッパ人にとって憧れの的となった。そのことがわかる2つの映画がある。
1つ目は、2023年公開のケネス・ブラナー監督の映画『A HAUNTING IN VENISE（ヴェ

ニスの亡霊)』。１９４７年のヴェネツィアが舞台。不運なる美少女デズデモーナは生活のため霊媒師の助手を務めている。この映画にも、劇中劇が出てくる。それは、ヴィンセント・ミネリ監督のアメリカ映画『MEET ME ST.LOUIS（若草の頃)』（１９４４年）である。デズデモーナの夢は、イタリアが戦勝する間際に観た『MEET ME ST.LOUIS』に出てくるセントルイス５１３５番地の庭付きの家だ。そこにはニオイスミレのドレスをまとい、ボーイフレンドとダンスパーティーに出かける裕福な少女たちが住んでいる。デズデモーナは彼女たちに自己を投影する。映画を介したアメリカ社会への憧れの表れである。ラストシーンでデズデモーナは探偵エルキュール・ポアロの機智により目出度くアメリカ移住の夢をかなえる。

２つ目は、これとは真逆のシチュエーションの映画。１９６０年公開のオットー・プレシンジャー監督、ダルトン・トランボ脚本『ＥＸＯＤＵＳ（栄光への脱出)』だ。ヒロインはデンマーク系ユダヤ人の美少女カレン・ハンセン。彼女はイギリス管理下の収容所でアメリカ人看護士キティ・フレモンと親しくなる。カレンはキティからアメリカ移住を勧められ最初は喜んでいたのだが、思案の末その誘いを蹴ってパレスチナ行きを選ぶ。この映画は１９４７年に実際に起きた「エクソダス号事件」がモデルとなっている。南仏マルセイユに収容されていたユダヤ人４５３０人が集団脱出して密航船に乗りパレスチナのハイファ港を目指すが、目前でイギリス軍により拿捕されてドイツのハンブルクの収容所に再連行されるという事件のことだ。この事件の一部始終は世界中にリアルタイムで発信され、ユダヤ人たちが多くの同情を集めたことから翌年のイスラエル建国に弾みをつけることとなった。

カレンはパレスチナに上陸してユダヤ人入植地で暮らすという夢をかなえる。だが、ラストシーンで彼女は反イスラエルのアラブ人によって殺されてしまう。この映画は第二次中東戦争（スエズ動乱）と第三次中東戦争の短い戦間期に公開された。プレミンジャーとトランボは、この映画で何かを戒めたかったのだろう。今日のイスラエルによる暗澹たる反都市を予感させる作品だった。

（注9）１９７６年に開かれた日本ショッピングセンターコンベンションで東洋大学学長の磯村英一は、ショッピングセンターが地域社会に溶け込むための「三つのＰ」について言及している。それは、プラザ・ポスト・フォンのことで、まさにノースランド・センターにはその３つがあり、地域コミュニティセンターの嚆矢であることを示したのである。

（注10）グルーエンは、共同性を重視するパリのパサージュから着想してテナント会を立案した。パサージュとは通りの両側の店舗が自らの外壁を公に拠出して、鉄の梁を架けその上にガラスの屋根を乗せたものである。ヨーロッパで最初にガラスの屋根にしたパサージュは1790年の「パサージュ・フェイドー」からである。

パサージュの通路は共用部とみなされて、ポンペイの遺跡を思わせるようなモザイクや、様々な彫刻と、天井から吊るされた洒落たランプが共有物とされた。通路の清掃や植栽管理は、パサージュの全員が協働した。そして通りのコーナーでは、共益費により管理・運営するイベントが催された。

（注11）倉橋はグルーエンがエルンスト・ルビッチという映画人と深い関わりがあったように、日本の映画人と奇しき縁があった。その人の名は株式会社東神開発の専務である不破祐俊。不破は戦時中の文部省社会教育局で映画行政に携わった男だ。

（注12）周辺地区の乱開発を憂いた都市論者に社会学者のデービッド・リースマンがいる。リースマンは言う。

「郊外には素晴らしい新築のショッピングセンターがある。それは消費者の楽園であり、みごとにデザインされている。ところが、それは高速道路に面しており、そこに出入りする自動車はしばしば生命の危険を感じさせる。そしてそのようなみごとなスーパーマーケットの周りにあるのは中古車屋であり、ホットドッグの屋台店であり、そして安手のモテルである。」

リースマンはグルーエンと同じドイツ系ユダヤ人で、グルーエンのフォートワース計画（1954〜1958年）を評価した人物でもある。

（注13）ギョルゲ・ササルマンのSF小説『方形の円　偽説・都市生成論』は、36の空想都市の断章群《アフォリズム》である。その中の一都市に「モートピア　Motopia- モーター市」が出て来る。ただ拡がり続ける車道と、増殖するクルマと、その寝所である駐車場が人間を専制するという身も氷るディストピアの話である。「モートピア」こそグルーエンが心から嫌悪したイメージであったろう。

ビクター・グルーエン			世界の動き	
1903	（0才）	オーストリア・ハンガリー二重帝国のウィーンに生まれる	1903	エベネザー・ハワードの田園都市がレッチワースに誕生 ライト兄弟の飛行機が世界初の有人飛行
			1914	第一次世界大戦（〜1918）
1918	（15才）	ウィーン美術アカデミーに入学		
			1922	ソビエト連邦成立
			1923	アドルフ・ヒトラーのミュンヘン一揆
1925	（22才）	ウィーン美術アカデミーを卒業 ミシェル&シュタイナー事務所に勤務	1925	パリでアール・デコ博
1926	（23才）	ナッシュマルクトのキャバレーの支配人に	1929	世界恐慌
1932	（29才）	ミシェル&シュタイナー事務所から独立 個人オフィス設立		
1935	（32才）	ナッシュマルクトのキャバレーを辞める	1935	ドイツでニュルンベルク法が制定

1938	(35才)	最初の妻アリス・カルドスと共にイギリス経由でニューヨークに逃れる ヨーロッパ映画基金の援助を受けブロードウェイに「ユダヤ難民劇団」を旗揚げ	1938	ドイツがオーストリアを合邦
1939	(36才)	「ユダヤ難民劇団」を辞める 5番街で店装の仕事を始める	1939	ニューヨーク万博 ドイツがポーランドに侵攻 第二次世界大戦（～1945）
1940	(37才)	エルシー・クルメックと組み百貨店オーナーのJ・W・ミリロンズから依頼を受ける		
1941	(38才)	2番目の妻エルシー・クルメックと結婚 ロサンゼルスにグルーエン&クルメック・オフィス設立	1941	アメリカ参戦
1943	(40才)	アメリカ国籍を取得		
			1945	ブレトン・ウッズ協定発効
1947	(44才)	ロサンゼルス郊外ウエストチェスター地区のミリロンズ百貨店計画完了		
1948	(45才)	デトロイトのハドソンを視察 ノースランド・センター計画着手	1948	アメリカでマッカーシー旋風（赤狩り）

1951	(48才)	エルシー・クルメックと離婚して3番目の妻ラシェット・E・マコーミックと結婚 ビクター・グルーエン・アソシエイツを設立		
1954	(51才)	ノースランド・センター開業		
			1955	オーストリア独立
1956	(53才)	サウスデール・センター開業 ルイス・マンフォードとジェイン・ジェイコブズとの知己を得る	1956	アメリカ連邦補助高速道路法 ハンガリー動乱
1958	(55才)	フォートワース計画終了 ボストン郊外ウエストエンド計画終了 カラマズー計画終了		
1960	(57才)	ウィーンに帰郷 マンハッタン計画提案 『ショッピングタウンUSA』発刊		

1962	（59才）	ニューヨーク州ロチェスターのミッドタウン・プラザ開業 ボストン ウエストエンドのチャールズ リバーパーク開園 3番目の妻ラシェット・E・マコーミック死去。4番目の妻ケミヤ・テレサ・サリィフェンデス＝アバズと結婚	キューバ危機
1963			ケネディ大統領暗殺
1964	（61才）	『都市の生と死』発刊 フレズノ計画完了	ベトナム戦争（～1975） パレスチナ解放機構設立
1966			中国 文化大革命（～1976）
1967	（64才）	ビクター・グルーエン・アソシエイツ退職	デトロイト中心市街地で黒人の暴動
1968	（65才）	ビクター・グルーエン・インターナショナル設立 ビクター・グルーエン・環境財団設立	キング牧師暗殺 フランス五月革命 プラハの春
1971	（68才）	サン・カンタン・アン・イブリーヌ計画完了 ウィーン計画立案	ドルショック

			1972	ウォーターゲート事件
1973	(70才)	『都市のセンター計画』発刊	1973	第4次中東戦争
			1979	イラン革命
1980	(77才)	死去		

		本書に出て来る映画のタイトル	舞台となる都市
1	1923	A Woman of Paris（パリの女）	パリ
2	1924	The Marriage Circle（結婚哲学）	ウィーン
3	1926	So This Paris（陽気な巴里っ子）	パリ
4	1927	ジャズ・シンガー	ニューヨーク
5	1932	Broken lullaby（私の殺した男）	パリ
6	1935	A NIGHT AT THE OPERA（オペラは踊る）	ニューヨーク
7	1937	デッド・エンド	
8	1937	ゾラの生涯	パリ
9	1937	天使	パリ
10	1939	ニノチカ	パリ
11	1939	バック・ロジャース	未来都市
12	1940	独裁者	ウィーン
13	1942	To Be or Not to Be（生きるべきか死ぬべきか）	ワルシャワ
14	1942	ドナルドの襲撃部隊	
15	1944	MEET ME ST.LOUIS（若草の頃）	セントルイス
16	1946	素晴らしき哉、人生！	ニューヨーク州ベドフォールズ

17	1947	紳士協定	ニューヨーク
18	1947	ニューオリンズ	ニューオリンズ
19	1948	裸の町	ニューヨーク
20	1949	第三の男	ウィーン
21	1953	ローマの休日	ローマ
22	1953	第十七捕虜収容所	
23	1956	ベニイ・グッドマン物語	ニューヨーク
24	1956	灰色の服を着た男	ニューヨーク
25	1958	魔法の高速道路USA	
26	1960	EXODUS（栄光への脱出）	ハイファ
27	1964	この緊急なる必要性	ニューヨーク
28	1965	サウンド　オブ　ミュージック	ウィーン
29	1966	パリは燃えているか	パリ
30	1967	La Chinoise（中国女）	パリ
31	1971	ベニスに死す	ベニス
32	1974	The NIGHT PORTER（愛の嵐）	ウィーン
33	1974	The Great Gatsby（ザ・グレイト・ギャツビー）	ニューヨーク
34	1974	タワーリング・インフェルノ	サンフランシスコ

35	1978	ヒトラー	ウィーン
36	1978	ブラジルから来た少年	ウィーン
37	1979	ゾンビ	
38	1983	メルブルックスの大脱走	ワルシャワ
39	1984	ワンス・アポン・ア・タイム・イン・アメリカ	ニューヨーク
40	2002	戦場のピアニスト	ワルシャワ
41	2011	J・エドガー	ワシントンD.C.
42	2013	The Great Gatsby（華麗なるギャツビー）	ニューヨーク
43	2015	トランボ　ハリウッドに最も嫌われた男	ロサンゼルス
44	2015	ル・コルビュジェとアイリーン 追憶のヴィラ	パリ
45	2016	ラ・ラ・ランド	ロサンゼルス
46	2018	Werk ohne Autor（ある画家の数奇な運命）	ミュンヘン
47	2018	CITIZEN JANE	ニューヨーク
48	2022	オフィサー・アンド・スパイ	パリ
49	2023	A HAUNTING IN VENISE（ヴェニスの亡霊）	ベニス
50	2023	OPPENHEIMER（オッペンハイマー）	ニューヨーク

◉参考文献

ビクター・グルーエン／ラリー・スミス共著
『ショッピング　タウン　USA』（奥住正道訳）1969年　商業界

ビクター・グルーエン著
『都市の生と死』（神谷隆夫訳）1971年　商業界

ビクター・グルーエン著
『都市のセンター計画』（中津原努他訳）1977年　鹿島出版会

M・ジェフリー・ハードウィック著
『Mall Maker』2004年　ペンシルベニア大学出版局

W・H・ホワイト他著
『爆発するメトロポリス』（小島将志訳）1973年　鹿島出版会

ジェイン・ジェイコブズ著
『アメリカ大都市の死と生』（山形浩生訳）2010年　鹿島出版会

アンソニー・フリント著
『ジェイコブズ対モーゼス ニューヨーク都市計画をめぐる闘い』（渡邉泰彦訳）2011年　鹿島出版会
渡邉泰彦著
『評伝　ロバート・モーゼス　世界都市ニューヨークの創造主《マスタービルダー》』2018年　鹿島出版会
アン・フリードバーグ著
『ウインドウ・ショッピング―映画とポストモダン』（井原慶一郎、宗洋、小林朋子訳）
2008年　松柏社
速水健郎著
『都市と消費とディズニーの夢 ショッピングモーライゼーションの時代』2012年　角川新書
末延芳晴著
『ラプソディー・イン・ブルー　ガーシュインとジャズ精神の行方』2003年　平凡社
ハーマン・G・ワインバーグ著
『ルビッチ・タッチ』（宮本高晴訳）2015年　国書刊行会
吉村英夫著
『ハリウッド「赤狩り」との闘い：『ローマの休日』とチャップリン』2017年　大月書店

増谷英樹著
『歴史の中のウィーン　都市とユダヤと女たち』1993年　日本エディタースクール出版部
S．トゥールミン＋A．ジャニク著
『ウィトゲンシュタインのウィーン』（藤村龍雄訳）2001年　平凡社
中島義道著
『ヒトラーのウィーン』2015年　ちくま文庫
ディヴィッド・ハルバースタム著
『ザ・フィフティーズ　THE FIFTIES　1950年代アメリカの光と影』1～3（峯村利哉訳）
2015年　ちくま文庫
トーン・ホルステン著
『フッサールの遺稿　ナチから現象学を守った神父』（赤坂桃子訳）2023年　左右社

◉図版・出典

『紳士協定』エリア・カザン監督（１９４７年公開）
発売元：有限会社オフィスＹＫ
『トランボ　ハリウッドに最も嫌われた男』ジェイ・ローチ監督（２０１５年公開）
発売元：ＴＣエンタテインメント株式会社
『CITIZEN JANE　BATTLE FOR THE CITY』マット・ティルナー監督（２０１８年公開）
発売元：ポニーキャニオン
『灰色の服を着た男』ナナリー・ジョンソン監督（１９５６年公開）
発売元：20世紀　フォックス　エンターテイメント　ジャパン株式会社

◉写真提供

早崎貴宏

筆者プロフィール

１９６５年生れ。

20代は芝居の裏方。

１９９６年に青島幸男都知事に都民イベントプロデューサーとして抜擢され、都庁都民広場のこけら落としとなるイベントを担う。ららぽーとなどのショッピングセンターのイベントを専業とする株式会社イマジネーションプロみなみかぜを設立。

（一社）日本ショッピングセンター協会（ＳＣ協会）のＳＣアカデミー講師。

中心市街地・都市再生を支援するＮＰＯ法人まちづくりネットワークＴＯＭネット専務理事。

著書に『突破するＳＣビジネス／続・新ショッピングセンター論』（２０２１年繊研新聞社）がある。

自動車免許無し。

趣味は散歩と、映画鑑賞。

反撃する映画と都市
「ショッピングモールの父」と呼ばれたくなかった男　ビクター・グルーエン

2024 年 11 月 26 日　　第 1 刷発行

著　者――ハーレイ・岡本
発　行――日本橋出版
〒 103-0023　東京都中央区日本橋本町 2-3-15
https://nihonbashi-pub.co.jp/
電話／ 03-6273-2638
発　売――星雲社（共同出版社・流通責任出版社）
〒 112-0005　東京都文京区水道 1-3-30
電話／ 03-3868-3275

ISBN978-4-434-34454-1